O APRENDIZ

QUEM PERGUNTA
QUER **SABER**

EDITORA EME

Solicite nosso catálogo completo, com mais de 500 títulos, onde você encontra as melhores opções do bom livro espírita: literatura infantojuvenil, contos, obras biográficas e de autoajuda, mensagens espirituais, romances palpitantes, estudos doutrinários, obras básicas de Allan Kardec, e mais os esclarecedores cursos e estudos para aplicação no centro espírita - iniciação, mediunidade, reuniões mediúnicas, oratória, desobsessão, fluidos e passes.

E caso não encontre os nossos livros na livraria de sua preferência, solicite o endereço de nosso distribuidor mais próximo de você.

Edição e distribuição

EDITORA EME
Caixa Postal 1820 - CEP 13360-000 - Capivari - SP
Telefones: (19) 3491-7000 | 3491-5449
Vivo (19) 99983-2575 | Claro (19) 99317-2800
vendas@editoraeme.com.br - www.editoraeme.com.br

ELAINE ALDROVANDI

O APRENDIZ

QUEM PERGUNTA QUER **SABER**

Capivari-SP
– 2018 –

Os direitos autorais desta obra foram cedidos pelo autor para a Editora EME, o que propicia a venda dos livros com preços mais acessíveis e a manutenção de campanhas com preços especiais a Clubes do Livro de todo o Brasil.

A Editora EME mantém o Centro Espírita "Mensagem de Esperança" e patrocina, junto com outras empresas, a Central de Educação e Atendimento da Criança (Casa da Criança), em Capivari-SP.

2ª reimpressão - janeiro/2018 - 4.001 ao 4.500 exemplares

CAPA | Victor Augusto Benatti
DIAGRAMAÇÃO | Marco Melo
REVISÃO | EME

Ficha catalográfica

Aldrovandi, Elaine, 1966
O aprendiz - quem pergunta quer saber / Elaine Aldrovandi
2ª reimp. jan. 2018 - Capivari, SP: Editora EME.
208 p.

1ª edição: ago. 2015
ISBN 978-85-66805-65-9

1. Iniciação ao espiritismo. 2. Conceitos básicos. 3. Mediunidade.
4. Autoconhecimento.
I. TÍTULO.

CDD 133.9

Sumário

Parte III - Noções elementares sobre passes

Parte IV - ABC da mediunidade

Introdução

Há mais de duas décadas, ministro o Curso Básico de espiritismo e pude anotar, ao longo desse tempo, as perguntas mais frequentes de quem procura a casa espírita sem conhecimento doutrinário a respeito de filosofia espírita, mediunidade e passe. Por isso escrevi este livro com a finalidade de oferecer noções elementares sobre esses assuntos, assim como uma pequena introdução ao conhecimento do Evangelho de Jesus, com foco na transformação moral que o estudo das virtudes cristãs oferece.

Ele se destina às pessoas que procuram o espiritismo em busca de respostas para seus sofrimentos, para os trabalhadores da seara espírita que vão atendê-las e para aqueles que querem apenas conhecer a doutrina, servindo a inúmeros propósitos, inclusive como curso de iniciação aos estudos espíritas.

O livro se estrutura na forma de perguntas e respostas, dividindo-se em quatro partes: Conhecendo a doutrina espírita; Transformação moral através do Evangelho de Jesus; Noções elementares sobre passes; ABC da mediunidade.

Propositadamente cito muitas passagens bíblicas correlacionando-as com o espiritismo para mostrar que, ao contrário do que muitos dizem, tudo o que ensina a doutrina está na Bíblia, mas de forma um pouco mais velada.

Meus leitores sabem que fui católica e cheguei à casa espírita com ideias preconcebidas a respeito do espiritismo. Era muito constrangedor frequentar um local onde acreditava não ser a casa de Deus, pois assim me haviam ensinado. Porém fui atendida com muito carinho e compreendida em meus medos e inseguranças em relação às decisões que tomava. Disseram-me que eu não precisava mudar de religião e deixar de ser católica, mas que deveria estudar a doutrina para entender melhor os problemas que me afligiam. Fui orientada e seguida de perto pelos novos amigos até que todo o período de perturbação espiritual por que passava fosse vencido, o que levou alguns anos.

Sem o compromisso de me tornar espírita dediquei-me ao estudo do espiritismo e pude perceber que havia encontrado uma nova forma de encarar a vida e os problemas, o que me levou à paz espiritual.

Confesso que nunca vi na casa espírita os tais "demônios"[1], mas encontrei muitos espíritos sem luz, sem paz, revoltados, ignorantes e, algumas vezes, maus. Mas também vi muitos espíritos iluminados a socorrê-los. Foram eles que me ensinaram a enxergar os maus espíritos como irmãos, filhos de Deus, ovelhas desgarradas que o Divino Pastor pacientemente recolherá. Essas almas iluminadas falavam aos espíritos perturbados sobre o amor de Deus por todas as criaturas, sem especificar se esse Deus era católico, evangélico, muçulmano, budista, hinduísta ou judeu. Diziam simplesmente para confiarem no Pai.

1. Aqui me refiro ao conceito popular de demônio: Satanás (diabo) e seus seguidores.

Entendi, então, que há um único pastor e um só rebanho, mas que o rebanho desconhece esse fato. Aprendi que Deus nos ama e quer que sejamos felizes. Compreendi que a vida é feita de leis que, bem compreendidas e vivenciadas, nos conduzem à paz.

Pelo modo com que o espiritismo expõe as verdades da vida imaginei que na casa espírita não encontraria os donos da verdade, apenas luz e amor. Mas também há os que acham que tudo sabem e que são melhores que os outros. Os que ironizam a fé alheia e disputam, com alguns, a supremacia do rebanho divino, esquecendo-se que "aquele que se exaltar será rebaixado". Aprendi que muitos conhecem o Cristo, mas poucos conseguem vivenciar seus ensinamentos. Mas o próprio espiritismo me ensinou que cada um compreende a verdade de acordo com seu grau de evolução.

Concluí que as religiões não têm culpa pela existência dos fanáticos que distorcem seus ensinamentos e que nem eles têm culpa de serem tão limitados, pois cada ser faz o melhor que consegue.

Por isso esse livro não se destina a "fazer cabeças", nem a trazer novos adeptos ao espiritismo, mas a oferecer às pessoas o mínimo de conhecimentos para que elas possam entender a religião dos espíritos e concluir que a melhor religião é aquela que faz de você um ser humano melhor.

Lembro apenas que esse livro é uma leve iniciação e não toda a doutrina. Você não poderá dizer que conhece o espiritismo sem que tenha estudado, no mínimo, duas obras básicas da codificação: *O Livro dos Espíritos* e *O Evangelho segundo o Espiritismo.*

O APRENDIZ

Parte I

Conhecendo a doutrina espírita

Conhecendo a doutrina espírita

1. O espiritismo é uma religião? Posso frequentar o centro espírita sem deixar de ir à igreja?

Sim, o espiritismo é uma religião, pois o vocábulo religião provém do latim - religare - que literalmente quer dizer "religar o homem a Deus". Nesse sentido o espiritismo, como toda religião, tem a função de promover a transformação moral do homem aproximando-o de Deus.

Allan Kardec apresenta a seguinte definição da doutrina revelada pelos espíritos[2] através dos médiuns[3]: [...] *"O espiritismo[4] é uma doutrina filosófica de efeitos religiosos,*

---

2. Espíritos são os seres inteligentes da criação. O espiritismo é considerado a religião dos espíritos porque eles responderam às perguntas de Kardec, que as organizou em livro.

3. Intermediários entre o mundo físico e o mundo espiritual.

4. Essas palavras foram proferidas por Allan Kardec na abertura da "Sessão Anual Comemorativa dos Mortos", na Sociedade Parisiense de Estudos Espíritas, no dia 1º de novembro de 1868, em resposta às dúvidas que existiam no tempo em que o espiritismo surgiu devido ao fato de que a palavra religião remete à ideia de uma doutrina associada a um culto com ritual próprio, o que não se encontra no espiritismo.

como qualquer filosofia espiritualista, pelo que forçosamente vai ter as bases fundamentais de todas as religiões: Deus, a alma e a vida futura".

"O espiritismo é uma ciência que trata da natureza, origem e destino dos espíritos, bem como de suas relações com o mundo corporal[5]". Foi codificada (organizada) pelo educador francês Hypolite Léon Denizard Rivail, na França, em 1857, que adotou o pseudônimo Allan Kardec para diferenciar as obras por ele escritas sob a orientação dos espíritos, daquelas que escreveu como professor, filósofo e escritor.

Aquele que se sente livre para escolher em que acreditar, e entende que a religiosidade deve ser vivenciada sem qualquer tipo de constrangimento, pode frequentar o espiritismo sem abandonar a igreja.

Inúmeros católicos e evangélicos se declaram simpatizantes da doutrina espírita e estudam seus aspectos filosóficos, científicos e religiosos aceitando-os por gostarem da forma como o espiritismo explica a vida e os fenômenos a sua volta, mas permanecem seguindo a igreja por gostar de seus rituais e da forma do culto, ou para fazer companhia para os familiares que não aderiram ao espiritismo. Casam-se, batizam seus filhos, frequentam missas ou cultos evangélicos, mas leem as obras e assistem às palestras espíritas, fazendo isso por uma vida inteira. Outros, depois de algum tempo, optam por seguir o espiritismo e deixam de ir à igreja de forma natural, por não mais sentirem necessidade daquele tipo específico de culto e quando lhe perguntam qual sua religião se declaram espíritas. Porém, é importante entender que o espiritismo não proíbe nin-

---

5. *O que é o Espiritismo* - Allan Kardec - FEB.

guém de frequentar o centro e ir à igreja, mas a igreja desaprova esse comportamento. Por isso, cada pessoa deve decidir o que é melhor para si.

Para finalizar quero lembrar que a doutrina[6] espírita possui três aspectos - científico, filosófico e religioso:

- Científico, porque estuda os fenômenos mediúnicos - fenômenos naturais provocados por espíritos, através dos médiuns -, segundo critérios adotados pela ciência, usando processos metódicos de observação controlada e de pesquisa rigorosa, aceitando como fato aquilo que pode ser provado por seus métodos de estudo, de forma racional e objetiva.
- Filosófico, porque a partir do estudo dos fenômenos espíritas e de seus ensinos básicos obtemos uma interpretação própria da vida, cujo fim é a transformação moral do homem.
- Religioso, pois leva o homem a Deus, a partir do estudo da moral ensinada pelo Cristo.

2. Por que sinto culpa quando vou ao centro, como se estivesse traindo a igreja?

A culpa nasce da sensação subjetiva de estar fazendo algo errado, que contraria o código moral existente dentro de si, inscrito em sua consciência. Esse código moral foi construído durante longo processo educacional feito com a participação de pais, professores e líderes religiosos, constituindo-se, portanto, num caldo de culturas, crenças e opiniões variadas e

6. Doutrina é um conjunto de princípios que dão uma interpretação particular da vida.

assim permanecerá até o momento em que o ser julgue oportuno repensar, refletir, analisar e escolher, de forma racional e consciente, em que deseja acreditar.

O momento ideal para conhecer algo novo e refletir sobre velhas crenças é quando se está pronto para abrir a mente às novas ideias, o que não significa que estas substituirão as antigas. Pode-se conhecer o novo e querer permanecer com o velho. Isso não tem nada de ruim, o importante é que seja fruto de escolha pessoal e não de imposição externa. Porém, o novo, o desconhecido, amedronta, desestabiliza, tira o ser do núcleo de segurança em que vive. Momentaneamente se perdem raízes e isso assusta. O medo e a culpa podem ser mecanismos de defesas psicológicas para trazer o ser de volta para o conhecido, onde antes se sentia seguro.

O mais importante é respeitar-se e saber até onde se pode ir sem se desestruturar emocionalmente. Cada um deve escolher qual religião, em sua opinião, melhor atinge a finalidade de conduzi-lo a Deus e segui-la com amor e dedicação. O que é bom para um, pode não ser para o outro. Como disse continuar assistindo a missas e cultos e estudar a doutrina para ampliar conhecimentos é possível somente para o indivíduo que se sente livre para pensar e escolher o que quer seguir, porque censuras fatalmente virão por parte da igreja, católica ou protestante, pois cada religião se posiciona como sendo o único caminho que leva a Deus e desconsidera todas as outras. O espiritismo prega que fora da caridade não há salvação e que todas as religiões são caminhos que conduzem ao Pai, porque ensinam a amar.

Mas, assim como há quem condene há quem apoie. Por isso, quem se sente pressionado pela culpa deve respeitar os próprios limites psicológicos e se for para se sentir mal ou causar dissenção em família é melhor afastar-se, pois a religião existe para unir o homem a Deus e jamais deveria separar os homens entre si.

3. Quais os princípios básicos do espiritismo?

- Crença em um único Deus: "Deus é a inteligência Suprema, causa primária de todas as coisas"[7]. Deus, o criador, espírito e a matéria, suas criações, formam os elementos gerais do Universo.
- Crença na imortalidade da alma: A morte aniquila o corpo e promove a transferência do espírito da vida material para a vida espiritual. O espírito jamais morre, pois ele é o princípio inteligente do Universo.
- Crença na reencarnação: *"A reencarnação é a volta da alma ou espírito à vida corpórea, mas em outro corpo especialmente formado para ele e que nada tem de comum com o antigo*[8]*"*.
- O espírito, criado simples e ignorante (sem conhecimentos) é o autor do seu próprio destino à medida que assume responsabilidade progressiva sobre seus atos, através do livre-arbítrio (livre escolha). A alma deixa o mundo espiritual e se reveste temporariamente de um corpo carnal para viver num mundo material, verdadeira escola que a aprimora lentamente. Faz isso inúmeras vezes, nasce e renasce, vivendo sucessivas existências na escola da vida até atingir o clímax da perfeição moral-intelectual - estado que reúne a sabedoria ao amor. Atingido esse estágio, deixa de reencarnar

7. Resposta dada pelos espíritos a Kardec quando ele pergunta "Que é Deus"? Questão 01 - de *O Livro dos Espíritos*.
8. "*O Livro dos Espíritos*" - capítulo IV.

para viver definitivamente no mundo espiritual, com Deus, tornando-se um espírito puro.

- Lei de causa e efeito: No decorrer de várias encarnações cada um dos atos da alma, bons ou maus, recai sobre ela, tal como disse Jesus: "A cada um segundo suas próprias obras". A vida feliz ou infeliz, resulta da semeadura feita em vidas passadas ou na vida presente, ou seja, resultam de escolhas pessoais. Ao semear a dor na vida do semelhante a alma colhe a dor em si mesma, nesta vida ou em existências futuras. A essa colheita obrigatória denomina-se expiação. Porém é preciso compreender que a expiação não é castigo, mas oportunidade de reparar os erros, ressarcir prejuízos, retomar o caminho do bem, reajustar-se perante a própria consciência. Embora a lembrança das vidas anteriores seja temporariamente esquecida durante o processo reencarnatório, o passado subsiste no inconsciente do ser. Essas lembranças podem ser recobradas durante o sono, nas sessões de regressão de memória, nos momentos de transe e menos frequentemente durante a vigília, sendo responsáveis por muitos medos, complexos de culpa e angústias inexplicáveis, assim como pela antipatia que se nutre por pessoas com as quais se convive ou que se acaba de conhecer. Aliás, o esquecimento do passado é providencial, pois se lembrasse do mal que fez, dos sofrimentos pelos quais passou e dos inimigos que a prejudicou, a alma não teria condições de viver entre eles novamente para reparar erros ou permitir que eles resgatem suas dívidas com ela, porque o ódio os afastaria mutuamente ou reacenderia antigas contendas.
- Comunicabilidade dos espíritos: Os espíritos são as almas daqueles que viveram sobre a Terra. Transferem-se

para a vida espiritual com o mesmo caráter que possuíam quando vivos: Bons ou maus, sérios ou brincalhões, trabalhadores ou preguiçosos, cultos ou medíocres, sinceros ou mentirosos, humildes ou orgulhosos. Estão por toda parte e atuam sobre os vivos através dos fios invisíveis do pensamento. Há pessoas que têm a capacidade de captar-lhes os pensamentos com grande facilidade - chamados de médiuns -, que são os elos entre o mundo espiritual e o mundo físico. Porém, é preciso que fique muito claro que todas as pessoas têm, em maior ou menor grau, a mediunidade, pois os espíritos agem sobre os pensamentos de qualquer ser humano transmitindo-lhes suas ideias. Sem o saber, captam esses pensamentos que lhes são sugeridos e executam muitas das sugestões boas (provenientes de bons espíritos e de seu anjo guardião), ou más (provenientes dos maus espíritos). Daí a importância da educação do pensamento, da higiene mental diária através de leituras edificantes, da prece e da reforma moral para que se sintonize preferencialmente com os bons espíritos.

- Fé raciocinada: O espiritismo prega que para crer é preciso compreender. Por isso não tem dogmas inquestionáveis. Tudo pode ser discutido exaustivamente até que seja perfeitamente compreendido. "Fé inabalável é aquela que pode encarar a razão, face a face, em todas as épocas da humanidade".
- Lei de evolução e progresso: A Terra é escola bendita que oferece inúmeras oportunidades de aprendizado. Por isso é preciso que se experimentem momentos de alegria e de dor, de saúde e de doença, de riqueza e de pobreza. Como acima referido, os espíritos são criados

por Deus, simples e sem conhecimentos; através das vidas sucessivas enfrentam desafios diversos cuja finalidade é acelerar seu desenvolvimento intelectual e moral. A isso se denomina provação ou luta, enquanto muitos insistem em chamar de sofrimento. Os espíritos que compreendem a lei divina caminham mais depressa até a perfeição; alguns estacionam por algum tempo, repetindo os mesmos erros de outrora, mas não há retrocesso. Os espíritos caminham sempre em direção à melhora intelectual e moral, pois as lições efetivamente aprendidas jamais são esquecidas. Todos os conhecimentos adquiridos permanecem com o espírito para sempre. Durante as encarnações, alguns talentos são adormecidos propositadamente para que outros sejam desenvolvidos. Evolui e progride sempre, com maior ou menor velocidade, dependendo de suas atitudes frente às oportunidades de crescimento que a vida lhe oferece.

4. Espiritismo ou kardecismo?

Não existe kardecismo, somente espiritismo, pois é a religião fundada pelos espíritos, não por Allan Kardec, que foi apenas o organizador da doutrina.

O nome kardecismo é utilizado erroneamente, inclusive por teólogos e espíritas, para diferenciar a doutrina espírita dos cultos afro-brasileiros, com o qual é confundido, como umbanda e candomblé.

Também não existe "baixo espiritismo", referindo-se aos cultos afro-brasileiros, e "alto espiritismo" e "espiritismo de mesa branca", referindo-se a doutrina espírita codificada por Kardec. Todos esses termos denotam preconceito religioso.

5. QUEM FOI ALLAN KARDEC?

Allan Kardec é o pseudônimo do homem que codificou a doutrina espírita. Seu nome verdadeiro era Hippolyte Léon Denizard Rivail. Usava tal pseudônimo para evitar que seu nome, já bastante conhecido nos meios literários, ficasse em evidência, pois como disse anteriormente foram os espíritos que responderam às perguntas de Kardec corporificando essa nova religião.

Nasceu em Lyon, na França, em 03 de outubro de 1804 e desencarnou[9] em 31 de março de 1869, aos 65 anos de idade. Falava quatro idiomas, era cientista, professor, escritor e pedagogo.

Estudou no Instituto de Yverdon, fundado pelo professor Pestalozzi, o pai da pedagogia moderna, contribuindo para a modernização da educação na França e na Alemanha. Hippolyte foi um dos seus mais fervorosos discípulos. Escreveu diversos livros didáticos sobre gramática, aritmética, geometria e pedagogia. Traduziu inúmeras obras inglesas e alemãs. Organizou em sua casa cursos gratuitos de química, física, astronomia e anatomia comparada para alunos sem recursos financeiros.

6. COMO FOI CODIFICADA A DOUTRINA ESPÍRITA?

O contato de Allan Kardec com os espíritos aconteceu por volta do ano 1854, quando em várias partes do mundo, mas especialmente em Paris, generalizou-se o fenômeno das mesas girantes, quando nos salões de reuniões sociais

9. Desencarnar - processo no qual a alma abandona definitivamente o corpo no fenômeno da morte.

as mesas eram suspensas e moviam-se de um lado para outro, sem o contato das mãos ou de qualquer outro objeto, e se comunicavam com os presentes mediante pancadas previamente combinadas que indicavam letras do alfabeto, de modo semelhante ao que os jovens de hoje fazem com a "brincadeira do copo". Após assistir algumas dessas sessões Kardec foi se intrigando, uma vez que, descartadas as causas conhecidas ou truques, convencia-se de que por detrás das mensagens havia alguma causa inteligente responsável pelos movimentos. A causa inteligente que se manifestava dizia que os fenômenos eram provocados por espíritos de homens que já haviam vivido no mundo. Kardec passou a estudar o fenômeno e numa das reuniões promovidas por ele, um espírito que usou o nome de "Verdade", dizia que caberia ao professor desenvolver, dar corpo, codificar uma nova doutrina filosófica e religiosa.

O desenvolvimento da codificação espírita basicamente teve início na residência da família Baudin, no ano de 1855, com o auxílio de duas médiuns, Julie e Caroline Baudin, de 14 e 16 anos, respectivamente. Kardec fazia perguntas aos espíritos que as respondiam por meio da escrita, através das médiuns. Aos poucos, o corpo de uma nova doutrina se erigiu culminando com a publicação da primeira obra da codificação espírita, *O Livro dos Espíritos*.

O método adotado por Allan Kardec na investigação e comprovação do fato mediúnico — instrumento comprobatório da existência e comunicabilidade do espírito — é o experimental, aplicado às ciências positivas, fundamentado na observação, comparação, análise sistemática e conclusão. Dois importantes critérios, igualmente tomados à metodologia científica, foram adotados por Kardec na difícil tarefa de reunir informações para a elaboração da doutrina espírita: a generalidade ou universalidade e a concordância dos ensinos dos espíritos. Esses critérios, com o suporte do uso da razão, do bom-senso e da lógica rigorosa emprestam à doutrina espírita força e autoridade.

Todo o trabalho da revelação era revisado várias vezes, de modo a se evitar erros ou interpretações dúbias. Assim, o trabalho contou com ajuda de pelo menos dez médiuns, nesta primeira fase. Das consultas feitas aos espíritos, nasceram as 1.019 questões que compõem *O Livro dos Espíritos*, lançado em 18 de abril de 1857, descortinando para o mundo todo um horizonte de possibilidades no campo do conhecimento. Allan Kardec desempenhou com sucesso as obrigações de que fora incumbido, explicando todos os fenômenos de maneira racional, revivendo os ensinamentos de Jesus e da Espiritualidade Superior.

7. Quais as obras básicas da doutrina espírita e do que tratam?

Allan Kardec codificou os ensinamentos dos espíritos em 05 livros básicos:

- ***O Livro dos Espíritos (1857):*** Contém toda a filosofia espírita. É tido como a espinha dorsal do espiritismo, pois todas as outras obras partem de seus princípios. Trata dos princípios da doutrina espírita sobre a imortalidade da alma, a natureza dos espíritos e suas relações com os homens, as leis morais, a vida presente, a vida futura e o porvir da Humanidade.
- ***O Livro dos Médiuns (1861):*** Verdadeiro manual de orientação para todas as pessoas que queiram entrar em conta-

to com os espíritos, demonstrando todos os riscos e benefícios dessa prática. Livro de leitura obrigatória para todos os médiuns e dirigentes espíritas.

- *O Evangelho segundo o Espiritismo (1864):* Trata da parte moral e religiosa da doutrina espírita; contém comentários sobre os ensinamentos morais de Jesus, feitos por Allan Kardec e pelos espíritos superiores.
- *O Céu e o Inferno (1865):* Este livro, através da evocação dos espíritos desencarnados, de cultura e hábitos diversos, demonstra a situação de felicidade, de arrependimento ou sofrimento dos que habitam o mundo espiritual.
- *A Gênese (1868):* Estuda a criação do mundo e das criaturas viventes colocando ciência e religião face a face. O Gênesis bíblico é estudado e visto como uma realidade científica, disfarçada por alegorias e lendas. Os sete dias narrados nas Escrituras Sagradas representam eras geológicas, que seguem a ordem cronológica comprovada pela ciência em suas pesquisas. Os milagres realizados por Jesus são explicados sob o ponto de vista científico.

8. Qual a diferença entre o espiritismo e a umbanda?

A palavra aumbanda (aum - Deus; banda - lado, lugar) significa "Deus ao nosso lado" ou "do lado de Deus". A umbanda é um culto religioso genuinamente brasileiro nascido em Niterói - RJ, no início do século XX (1908), fundada por Zélio de Moraes.

"Ela tem na sua base de formação os cultos afro, cultos nativos, doutrina espírita kardecista, religião católica e um pouco da religião oriental (budismo e hinduísmo) e também da magia,

pois é uma religião magística por excelência (...), dentro de seus templos a magia negativa é combatida e anulada pelos espíritos que nela se manifestam incorporando em seus médiuns"[10].

Deve ser respeitada, assim como todos os outros cultos e religiões, conforme o princípio da liberdade de crença contido na Constituição Brasileira; contudo, umbanda não é espiritismo.

O que há de comum com o espiritismo é que aceita os princípios básicos da doutrina tais como a crença em Deus e na imortalidade da alma; fundamenta-se em fenômenos produzidos por espíritos desencarnados[11], crê na reencarnação, na lei de causa e efeito e na lei de progresso, na comunicação com os mortos e prega a caridade. Todavia, a umbanda tem culto material, rituais próprios, vestimentas específicas, imagens, altares, pontos riscados e cantados e usa denominações totalmente especiais para médiuns, que são chamados - cavalos - e espíritos, que se dividem em linhas ou correntes espirituais que não existem no espiritismo. Como explica Rubens Saraceni, grande estudioso e seguidor da umbanda, nessa religião há um misto de cultos africanos, indígenas e católicos: nos terreiros as imagens dos santos católicos recebem nomes de orixás - uma espécie de anjos guardiões, almas que nunca viveram sobre a Terra e que estão a serviço direto de Deus.

A umbanda não se rege pela codificação de Allan Kardec, embora em alguns terreiros haja estudos de *O Evangelho segundo o Espiritismo*. Portanto está claro que embora espiritualista e possua manifestações mediúnicas a umbanda não constitui variante nem modalidade

---

10. *Umbanda Sagrada, religião, ciência, magia e mistérios* - Ed Madras - 3ª edição, pág. 12 - Rubens Saraceni.

11. Desencarnado - pessoa falecida. Desencarnação - morte física.

do espiritismo. Essa confusão se dá pelo desconhecimento do que seja a doutrina espírita codificada pelo francês Allan Kardec que é frequentemente confundida com outras religiões onde há mediunismo (manifestação de espíritos através da mediunidade).

9. Por que dizem que o espiritismo é a religião do demônio?

Como vimos anteriormente, no Brasil há muitas religiões que utilizam a mediunidade como instrumento de manifestação de espíritos e que são erroneamente chamadas de espiritismo.

Aquele que diz que o espiritismo é religião do demônio ignora toda a obra de amor que o espiritismo produz no Brasil e no mundo, desde seu início, e o confunde com cultos mágicos onde se pratica a magia negra.

O espiritismo não tem culto material, nem ritual; não prescreve qualquer vestimenta; não tem sacerdotes, não usa imagens, nem faz sacrifícios de animais ou seres humanos; não tem símbolos, sinais secretos ou misteriosos, não faz cerimônias matrimoniais, ou de batismo, nem exorcismo. Resumindo, a doutrina espírita tem como principal objetivo o *cultivo dos valores do espírito e é isenta de atos exteriores*. Seu vocabulário se baseia nas obras da codificação e suas práticas mediúnicas são executadas dentro de um ambiente evangélico de harmonia e oração, sem qualquer culto exterior. Compreende-se, portanto, que qualquer culto que contenha tais práticas, não pode e não deve receber a designação de espírita. "*Deus é Espírito, e importa que o adorem em espírito e em verdade*" - (João 4.24).

10. O que diz o Espiritismo sobre trabalhos e pactos feitos com maus espíritos para prejudicar pessoas?

Na questão 549 de *O Livro dos Espíritos* Kardec aborda o tema sobre pactos que encarnados fazem com os espíritos com o objetivo de prejudicar pessoas: [...] *Por exemplo: queres atormentar o teu vizinho e não sabes como hás de fazer. Chamas então por espíritos inferiores que, como tu, só querem o mal e que, para te ajudarem, exigem que também os sirvas em seus maus desígnios. Mas, não se segue que o teu vizinho não possa livrar-se deles por meio de uma conjuração oposta e pela ação da sua vontade. Aquele que intenta praticar uma ação má, pelo simples fato de alimentar essa intenção, chama em seu auxílio maus espíritos, aos quais fica então obrigado a servir, porque dele também precisam esses espíritos, para o mal que queiram fazer. Nisto apenas é que consiste o pacto".*

Assim como no mundo material se contrata um pistoleiro para matar aquele a quem se odeia, pode-se contratar um mau espírito para perturbar a paz das pessoas. Porém, se o indivíduo que é alvo do mal for moralmente superior, o mal não lhe atinge, por ausência absoluta de sintonia mental com ele. Além disso, os bons espíritos podem proteger do mal quem não deva sofrê-lo e, se permitem que o mal nos atinja, é por querer provar a nossa capacidade de resistir a ele. Como se combate a obsessão, perseguição por maus espíritos, será ensinado mais adiante, quando se estudar a parte do livro referente à mediunidade.

11. Li num livro sobre história das religiões que o Espiritismo não é uma religião cristã. Isso é verdade?

Antes de responder a essa pergunta com um simples sim ou não, é preciso entender o que os teólogos e historiadores definem como cristão e qual a opinião espírita. Para isso o leitor me permita discorrer um pouco sobre o assunto.

Na questão 625 de *O Livro dos Espíritos*, Kardec pergunta aos espíritos responsáveis pela codificação "*Qual o tipo mais perfeito que Deus tem oferecido ao homem, para lhe servir de guia e modelo?*" "*Jesus*", respondem os espíritos e Kardec comenta a resposta: "*Para o homem, Jesus constitui o tipo da perfeição moral a que a Humanidade pode aspirar na Terra. Deus no-lo oferece como o mais perfeito modelo e a doutrina que ensinou é a expressão mais pura da lei do Senhor, porque, sendo ele o mais puro de quantos têm aparecido na Terra, o Espírito Divino o animava*".

Sintetizando sua doutrina na frase "*amar a Deus sobre todas as coisas e ao próximo como a si mesmo*", Jesus indica que não veio ao mundo para fundar uma nova religião, mas para ensinar o homem a amar, pois o amor é o elo que o une a Deus. Após a sua morte, seus seguidores passaram a divulgar suas ideias e foram chamados nazarenos ou cristãos, dando início ao cristianismo[12] cujos ensinamentos foram adotados pela igreja de Roma, iniciando um processo de "romanização" dos ensinamentos cristãos que culminou com a fundação do catolicismo.

Judeus, católicos e evangélicos, seguindo as crenças difundidas no Velho Testamento, acreditam que o homem foi criado por Deus para viver plenamente feliz no paraíso, mas pecou, separando-se de Deus. A transgressão de Adão e Eva quebrou a aliança entre Deus e a humanidade, introduzindo o pecado e o sofrimento no mundo, resultando na perda do

12. Para os católicos a Igreja Católica Apostólica Romana foi fundada pelo próprio Cristo quando se dirige ao apóstolo Pedro: "*E eu te declaro: Tu és Pedro, e sobre esta pedra edificarei a minha igreja, e as portas do inferno jamais poderão vencê-la. Eu te darei as chaves do reino dos céus: Tudo o que ligares na terra, será ligado no céu e tudo o que desligares na terra, será desligado nos céus.*" (Mateus 16:13-20).

paraíso. Mas o amor de Deus pelos homens era tamanho, que Ele enviaria um Salvador capaz de redimir todos os pecados da humanidade e refazer a aliança entre os homens e Deus. Enquanto aguardavam o messias, realizavam sacrifícios expiatórios por seus pecados e culpas[13] feitos através da matança de animais ou oferta de alimentos sobre o altar, para manterem-se ligados ao Criador. A fumaça do sacrifício subia aos céus e atingia a Deus, honrando-o com esse presente em troca de seu perdão. A culpa coletiva era expiada pelo Sumo Sacerdote através do sacrifício de um animal, geralmente um bode sem defeitos, cuja função simbólica seria a de carregar sobre si os pecados de toda a coletividade livrando-os temporariamente da ira divina. Desse tipo de ritual surgiu a expressão "bode expiatório".

Judeus ainda esperam pelo messias redentor da humanidade, enquanto os cristãos entendem que ele é Jesus, o homem perfeito, puro, sem pecado, o cordeiro de Deus que carregou sobre si os pecados da Humanidade, para a expiação da culpa coletiva, refazendo a aliança rompida entre a criatura e o Criador pelo pecado de Adão e Eva. Portanto, um conceito básico do cristianismo é que o homem não pode salvar a si mesmo. A salvação é dada livremente ao homem se ele acreditar em Cristo e em sua expiação. "*O cristianismo proclama que Deus se tornou homem* (na pessoa de Jesus). *Isso significa que Deus intervém ativamente na batalha entre o bem e o mal no mundo. Ele repara o dano causado ao relacionamento entre Deus e os homens [...]. Portanto, o sofrimento, a morte e a ressur-*

13. Pecado - provém da palavra grega *hamartia* - substantivo derivado de um verbo que indica "perder algo, tomar o caminho errado, trapacear com o próprio destino. O pecado é cometido por fraqueza ou ignorância, enquanto a culpa é intencional!". *O livro das religiões* - Hellern,V. Notaker, H., Gaarder, J. - Cia das Letras - 7ª reimpressão.

reição de Jesus dá ao cristão uma nova vida, a vida eterna [...]. Jesus crucificado é o redentor da humanidade [...]"[14]. Por isso, para a igreja, a cruz é o maior símbolo do cristianismo.

"O cristianismo ensina que o Jesus inocente assumiu para si a culpa do mundo e sofreu a punição que caberia à humanidade. Ele sofre e morre no lugar do homem. Os cristãos chamam isso de sacrifício vicário. Por meio dele, Deus se reconcilia com o mundo, e o contrato do homem com Deus é restabelecido"[15].

O espiritismo tem opinião diferente sobre o Cristo e vê Jesus como filho de Deus, espírito puro, perfeito, para o qual Deus entrega o governo da humanidade terrestre, com a função de ensinar o caminho da redenção espiritual ao homem, não por sua morte e ressurreição, mas precisamente por sua vida gloriosa cheia de exemplos de severa observância das leis de Deus. Para o espírita não basta crer em Jesus como salvador, é preciso transformar-se moralmente em contato com os ensinamentos e exemplos de vida deixados por Cristo em seu Evangelho. Portanto, o espiritismo adota a moral cristã como modelo e guia para a humanidade, mas rejeita a ideia de que Deus encarnou como Jesus e morreu na cruz em sacrifício para salvá-la[16], por isso não é classificado como uma religião cristã. Entretanto, filosoficamente, é interessante notar que a igreja cristã, ao qualificar Jesus como "o cordeiro de Deus que tira os pecados do mundo", promove um grande avanço espiritual nas religiões da época porque consegue interromper o sacrifício de animais praticado por elas, pela relação de temor e obediência a Deus.

O espírita se sente confortado com a ideia de que, se

---

14. Idem, idem.
15. Idem, idem.
16. O mistério da Santa Trindade será explicado mais adiante.

não puder reparar os erros nessa vida terá oportunidade de fazê-lo em outra. Mas, quem não crê na reencarnação e comete um "pecado" grave, tal como assassinato, por exemplo, está condenado ao inferno. Converter-se à igreja, arrepender-se dos erros e aceitar Jesus como o Salvador que redime os pecados o conforta e lhe renova a esperança, acenando-lhe com a possibilidade de salvação. Apaziguar a consciência culpada e evitar o remorso destruidor da paz é uma das funções dessa crença entre nossos irmãos evangélicos e católicos.

Sob a ótica espírita, a Bíblia nos transmite a verdade utilizando-se de símbolos. Por exemplo, o mito de Adão e Eva simbolizaria a simplicidade e a ignorância com que o homem foi criado por Deus, para ser feliz, não para sofrer, e o pecado, que causou a perda do Paraíso, demonstra que a transgressão às leis divinas distancia a criatura do Criador e gera sofrimentos expiatórios. A palavra Adão significa "o homem que veio do barro" e simboliza a natureza material do homem, seu corpo físico, proveniente do mundo material onde encarna. Deus, que no Gênesis bíblico anima o boneco de barro soprando em suas narinas, mostra que a alma que vivifica o homem provém de Deus. Embora simples e ignorante, o homem possui livre-arbítrio e faz escolhas, recebendo sugestões dos bons e dos maus espíritos, podendo ceder ou não a essas influências. É o que se quis representar com a figura de Satanás sugerindo a transgressão a Eva. Os espíritos ensinam em *O Livro dos Espíritos*: "*Donde vêm as influências que sobre ele* (o espírito) *se exercem? – Dos espíritos imperfeitos, que procuram apoderar-se dele, dominá-lo, e que rejubilam com o fazê-lo sucumbir. Foi isso o que se intentou simbolizar na figura de Satanás.*" (questão

122 a). *Tal influência só se exerce sobre o espírito em sua origem?* - *"Acompanha-o na sua vida de espírito, até que haja conseguido tanto império sobre si mesmo, que os maus desistem de obsidiá--lo."* (questão 122b).

Isso posto, agora podemos entender por que para os teólogos e historiadores o espiritismo não é cristão, assim como os Testemunhas de Jeová, porque também não creem que Jesus é Deus. Para os espíritas, cristão é quem segue os ensinamentos de Jesus, por isso dizem que o espiritismo é cristão. É, pois, uma questão de definição de termos e, enquanto discutimos e dividimos a igreja do Cristo, seus adversários se fortalecem.

12. Como os espíritas veem a bíblia?

A Bíblia constitui-se de um conjunto de livros escritos em aramaico, hebraico e grego, por dezenas de autores, ao longo de dezesseis séculos. A mais antiga versão é a dos "Setenta", escrita por setenta e dois sábios judeus, no século II a.C. A versão aceita pela igreja Católica é a "Vulgata" feita por São Jerônimo, no século IV d.C., a partir da revisão da versão dos "Setenta" e de uma versão em latim existente na época.[17] É um livro histórico cujo estudo é importante por conter profundos ensinamentos religiosos inspirados por espíritos provenientes da parte de Deus, misturados em meio à história do povo hebreu, suas crenças, lendas e costumes. Sua linguagem é rica de símbolos, própria dos autores de seu tempo, por isso de difícil interpretação, o que desperta divergência de opiniões até mesmo no seio

17. *Estudos espíritas do evangelho* - Therezinha Oliveira - Editora EME

do próprio cristianismo, pois a Bíblia dos católicos contém 73 livros, enquanto a dos evangélicos possui 66 livros. Isso prova que, embora seja um livro inspirado por Deus, como se propaga entre os religiosos, foram os homens que a escreveram, escolheram as partes que julgaram ser divinas e abandonaram o que acreditavam ser de origem humana.

Os espíritas se interessam pelo estudo dos ensinamentos de Jesus, modelo e guia por excelência. Por isso a Federação Espírita Brasileira editou recentemente *O Novo Testamento,* tradução dos originais gregos, realizada por Haroldo Dutra Dias, que contém os quatro Evangelhos e atos dos apóstolos. Várias obras do espírito Emmanuel, psicografadas por Francisco Cândido Xavier, tais como *Pão nosso* e *Vinha de luz,* abordam temas relativos às cartas de Paulo às igrejas cristãs de seu tempo. O livro *Paulo e Estêvão,* também de autoria do espírito supracitado, conta a história do cristianismo primitivo.

Um número menor de obras espíritas se dedica ao estudo dos temas abordados no Velho Testamento.

É interessante compreender que, *ao estudar a Bíblia o espírita faz interpretações diferentes* da que os católicos e evangélicos fazem porque usa outra perspectiva, outra lente. Por exemplo, Jeová é considerado o espírito protetor do povo hebreu e não o Criador, o Pai de Jesus. Como se chega a essa conclusão? Vejamos:

O espiritismo afirma que a missão de Moisés foi trazer ao homem a noção de justiça. Porém, isso aconteceu num tempo em que a humanidade era imatura e possuía o coração muito endurecido. Então, o legislador hebreu recebe os Dez Mandamentos da Lei Divina, mas cria também leis disciplinares bastante rígidas, apropriadas ao seu tempo.

Deus, por exemplo, de acordo com a perspectiva mosaica, é autoritário, vingativo e cruel, a quem se deve temer e obedecer cegamente. O Deus-hebraico, Jeová, ordena matanças, misturando em sua natureza características humanas e divinas. Protege especialmente o povo hebreu, com ferocidade tribal, exigindo para isso sacrifícios animais[18] pelo pecado (fraqueza ou descuido) e pela culpa (erro intencional, onde se exigia a restituição com multa de 20%). Os sacrifícios vegetais (farinhas, cereais e azeite) eram aceitos como ofertas pacíficas de gratidão e louvor a Deus. O sacrifício queimado sobre o altar é uma forma de se chegar a Deus, enquanto a pureza é condição necessária para andar com Ele.

Agora, observemos o que diz *O Livro dos Espíritos*, questão 519: "*As aglomerações de indivíduos, como as sociedades, as cidades, as nações, têm os seus espíritos protetores especiais? – Sim, porque essas reuniões são de individualidades coletivas que marcham para um objetivo comum e têm necessidade de uma direção superior*". Em seguida, na questão 520, se lê: "*Os espíritos protetores das nações têm grau de adiantamento relativo ao grau de adiantamento das massas a quem protegem*". Portanto, para os espíritas, Jeová, espírito protetor do povo hebreu, tem a tarefa de conduzir e educar aquelas almas, direcionando-as lentamente para o verdadeiro Deus, respeitando-se o nível de entendimento delas.

Mais adiante, encarna Jesus para apresentar à humanidade, um pouco mais amadurecida que ao tempo de Moisés, o Deus-Pai, amoroso e compassivo. Posteriormente, mil, oitocentos e cinquenta e sete anos depois do Cristo,

18. Novilho, carneiro, bode ou pomba sem defeito eram queimados sobre o altar para comunhão, gratidão ou pedido a Deus.

Kardec revela aos homens um Deus desprovido de qualquer paixão humana, que deveria ser adorado em espírito e verdade, como queria Jesus. Conhecido por seus atributos e não por sua essência, ainda ininteligível para o homem terreno, Deus é revelado pelos espíritos como a inteligência suprema, causa primária de todas as coisas, que é eterno, imutável, imaterial, único, poderoso - onipotente, onipresente, onisciente -, justo e bom; ama incondicionalmente suas criaturas simples e ignorantes, mas perfectíveis, que devem obedecer, não a Ele, mas às leis morais inscritas por Ele em suas consciências.

Herculano Pires, grande estudioso da doutrina espírita, escreve com clareza sobre esse tema: *"Estudando a história das religiões entendemos as diferenças fundamentais existentes entre o Deus bíblico dos hebreus e o Deus evangélico dos cristãos: Jeová é um Deus mitológico, em fase de transição para o "horizonte espiritual". Nasceu da fusão entre a experiência concreta da sobrevivência humana, obtida através dos fatos mediúnicos, e a exigência de racionalização do mundo, manifestada nas elaborações mitológicas. Daí as suas contradições, que dão margem a tantas críticas, inclusive entre os cristãos, oriundas da incompreensão do fenômeno e da ignorância do processo histórico"*[19].

A crença de que Jeová não é o Pai de quem o Cristo fala não existe apenas entre os espíritas, mas entre outros religiosos também[20]. De fato, em muitas passagens bíblicas, como as citadas a seguir, se vê em Jeová características das paixões humanas: Jeová se vinga nos parentes dos seus desafetos que já morreram há muito tempo, não esquece

19. "O espírito e o tempo" - J. Herculano Pires - Editora Pensamento.

20. Entre no Google e digite - Jeová não é Deus e verá os sites onde religiosos discutem o tema.

e nem perdoa (II Samuel 21); castiga com a lepra a mulher que falou mal de Moisés (Números 12:10); pune com a morte o rei Saul porque não executou fielmente as ordens que o *"Senhor, no furor de sua ira, ordenou contra Amaleque"* (I Samuel 28:18); ameaça com castigos cruéis todo aquele que não obedecer às suas ordens (Levítico 26:14-39); ensina o ódio e a vingança (Números 25:17-18); se ira e fica cheio de furor (Isaías 13:9), etc.

13. Se a reencarnação é verdade por que essa palavra não aparece na Bíblia?

De fato a palavra reencarnação não aparece na Bíblia, mas há passagens bíblicas que sugerem essa crença como se verá na próxima questão.

"A reencarnação fazia parte dos dogmas judaicos sob o nome de ressurreição. Somente os saduceus, que pensavam que tudo acabava com a morte, não acreditavam nela"[21]. Os judeus acreditavam que nem todos reencarnavam, mas somente aqueles que precisassem completar uma missão que não pôde ser cumprida durante uma existência. Por isso a reencarnação de profetas era frequente, por serem eles missionários de Deus. Os homens comuns, desprovidos de missão, não reencarnavam como fica evidente na carta aos hebreus, inscrita na Bíblia: "é dado ao homem viver uma única vez" (Hebreus 9:27).

Após a morte de Jesus, Pedro, e posteriormente Paulo, foram os maiores divulgadores do cristianismo, que sofreu intensa perseguição pelos imperadores de Roma, especial-

21. *O Evangelho segundo o Espiritismo* - Allan Kardec - FEB.

mente por Nero. No ano de 313 d.C., um édito do imperador Constantino deu liberdade de culto aos cristãos e, a partir de então, o cristianismo passou a agregar novos adeptos em Roma, tornando-se a religião oficial do Império Romano em 390, num ato instituído por Teodósio, que culminou com o nascimento oficial da Igreja Católica Apostólica Romana[22]. A partir disso, o cristianismo passou a sofrer várias modificações em sua estrutura doutrinária de acordo com as resoluções de vários concílios que estruturaram a igreja cristã diferenciando-a do judaísmo, pois muitos judeus passaram a seguir o cristianismo, mas queriam manter as práticas judaicas. Progressivamente o cristianismo foi sofrendo adaptações para adequá-lo às religiões da época, processo que eu denomino de "romanização". Foi o que ocorreu, por exemplo, no I Concílio de Niceia, no ano 325 d.C., quando foi decidida a natureza divina de Jesus, que deixa de ser o messias enviado por Deus para ser o próprio Deus no mistério da Santa Trindade: um só Deus, mas que se apresenta em três pessoas distintas, com funções diferentes, crença que adequava o cristianismo ao politeísmo vigente nas religiões antigas, facilitando sua assimilação pelos romanos[23]. O nascimento de Jesus seria comemorado no dia 25 de dezembro, dia das festividades do Deus Sol, cultuado por Constantino.

"No decorrer dos séculos IV e V d.C. desenvolveu-se a doutrina da santa trindade. Segundo esta, Deus são três pessoas numa única divindade. O sentido de 'pessoa' não era indiví-

22. Carvalho, Leandro – mestre em História – www.brasilescola.com/influencia--igreja-historia.htm.

23. *Evolução da ideia sobre Deus* – Francisco Cajazeiras – Editora EME – pág. 115. 2ª edição.

duo, como hoje. *'Persona' quer dizer máscara ou papel, e deriva do teatro clássico, no qual um mesmo ator usava máscaras para representar papéis diferentes".*[24] Na trindade Deus é o Pai, o criador; Jesus, o filho, feito da mesma substância do Pai, o redentor; o Espírito Santo, o elo de amor entre o coração dos homens e Deus.

É preciso lembrar que naquele tempo a igreja estava subordinada ao poder do imperador e por esse motivo muitos concílios foram polêmicos por expressarem o desejo de políticos e de alguns dirigentes da igreja e não propriamente as ideias dos religiosos do concílio. Um exemplo disso, segundo alguns teólogos, é o fato de o cristianismo dos três primeiros séculos afirmar a crença na preexistência da alma, da qual deriva a ideia de reencarnação, que foi abolida no Concílio de Constantinopla, em 553 d.C., quando as ideias a respeito da preexistência da alma professada por Orígenes, um dos maiores sábios das igrejas cristãs primitivas, foram consideradas hereges. O motivo de tal proibição, segundo inúmeros autores, foi porque Teodora, esposa do Imperador Justiniano, antiga cortesã, mandou matar quinhentas colegas de trabalho para apagar seu passado de prostituição. Ela rejeitava a ideia de ter que expiar esse crime em outra vida e sua sugestão foi prontamente acatada pelo Clero de Roma.

Percebe-se, portanto, que a igreja deteve o poder sobre a Bíblia e tudo o que nela foi escrito, podendo determinar as versões oficiais e descartar o que não fosse conveniente aos interesses políticos dos imperadores daquele tempo[25].

---

24. *O livro das religiões* - Gaarder, Jostein; Notaker, Henry; Hellern, Victor - CIA das Letras.

25. Se quiser se aprofundar no tema leia *Cristianismo e espiritismo* - Léon Denis - FEB.

Distanciando-se, porém, de todas essas discussões polêmicas, o fato é que a crença na reencarnação é milenar e faz parte de muitas religiões. Pode-se encontrá-la nos mais antigos livros sagrados da Índia, os "VEDAS", assim como no budismo, taoísmo, na filosofia de Sócrates e Platão e no próprio cristianismo primitivo professado por Orígenes e seus seguidores: *Em sua obra* Sobre os primeiros princípios, *Orígenes explica que as almas são enviadas para o seu "lugar, região ou condição" de acordo com os atos realizados "antes da vida atual". Deus "organizou o universo de acordo com o princípio de uma retribuição totalmente imparcial", diz ele. Deus não criou "com favoritismos", mas deu corpos às almas "de acordo com os pecados de cada uma". Orígenes pergunta: "Se as almas não existiam previamente, por que encontramos cegos de nascença que nunca pecaram, enquanto outros nascem sãos?" Ele responde à sua própria pergunta: "É claro que alguns pecados existem [isto é, foram cometidos] antes das almas [terem corpos] e, como resultado, cada alma recebe a recompensa de acordo com o seu mérito. Em outras palavras, o destino das pessoas é determinado por suas ações anteriores*[26]*"*. É atribuída a Orígenes a frase: *"cada alma" [...] "vem a este mundo fortificada pelas fraquezas ou vitórias da vida anterior".*

Orígenes sofreu severas perseguições por propagar a ideia da preexistência da alma, o livre-arbítrio e a salvação por meio da expiação dos pecados em corpos materiais. Porém, diferentemente do que prega a doutrina espírita, Orígenes acreditava que as almas eram criadas puras, inocentes, destinadas a viver no céu, mas, ao pecar, eram punidas, revestindo-se de corpos materiais e sendo enviadas

26. www.aeradoespirito.net | Paulo da Silva Neto Sobrinho.

aos mundos materiais, onde expiariam suas faltas, enquanto o espiritismo afirma que a reencarnação é obrigatória a todos os espíritos, desde sua criação, não como punição, mas como meio de evolução e progresso, pois permite à alma desenvolver todo o potencial que possui nas provações que enfrenta, enquanto nas expiações se depura e aperfeiçoa.

Para os espíritas, o dogma da reencarnação se fundamenta *"Na justiça de Deus e na revelação, pois incessantemente repetimos: o bom pai deixa sempre aberta a seus filhos uma porta para o arrependimento. Não te diz a razão que seria injusto privar para sempre da felicidade eterna todos aqueles de quem não dependeu o melhorarem-se? Não são filhos de Deus todos os homens? Só entre os egoístas se encontram a iniquidade, o ódio implacável e os castigos sem remissão."*

A doutrina da reencarnação, admitindo para o espírito existências sucessivas, corresponde à justiça de Deus para com os homens, pois que lhes oferece os meios de resgatar seus erros através de novas experiências e explica as aparentes injustiças da vida e gera esperanças para o futuro, *"A razão no-la indica e os espíritos a ensinam."* - Questão 171 de *O Livro dos Espíritos*. Além disso, dá oportunidade ao espírito de vivenciar novas experiências que lhe permitam modificar o passado, reorganizar as energias do seu corpo espiritual, reestruturar sua mente, renovar-se, aperfeiçoar-se e evoluir, gradativamente, até chegar ao estado de pureza.

"Uma só existência corporal é manifestadamente insuficiente para o espírito adquirir todo o bem que lhe falta e eliminar o mal que lhe sobra. [...] Para cada nova existência de permeio à matéria, entra o espírito com o cabedal adquirido nas anteriores, em aptidões, conhecimentos intuitivos, inteligência e moralida-

de. Cada existência é, assim, um passo avante no caminho do progresso." [...] "É importante considerar, entretanto, que o [...] estado corporal é transitório e passageiro. É no estado espiritual, sobretudo, que o espírito colhe os frutos do progresso realizado pelo trabalho da encarnação; é também nesse estado que se prepara para novas lutas e toma as resoluções que há de pôr em prática na sua volta à Humanidade."[27].

14. Quais passagens bíblicas sugerem reencarnação?

"E veio Jesus para os lados de Cesareia de Felipe, e interrogou seus discípulos dizendo: Que dizem os homens que é o Filho do Homem? E eles responderam: Uns dizem que é João Batista, mas outros que é Elias, e outros que Jeremias ou alguns dos profetas. Disse-lhes Jesus: E vós, quem dizeis que sou eu? Respondendo Simão Pedro, disse: tu és o Cristo, filho de Deus. E respondendo Jesus, lhe disse: Bem-aventurado és Simão, filho de Jonas, porque não foi a carne e o sangue que te revelaram isso, mas sim meu Pai, que está nos Céus. (Mateus, 26:13-17).

...E chegou a Herodes, o tetrarca, a notícia de tudo o que Jesus obrava, e ficou como suspenso, porque diziam uns: É João que ressurgiu dos mortos; e outros é Elias que apareceu; e outros é um dos antigos profetas que ressuscitou. Então disse Herodes: Eu mandei degolar a João; pois quem é, este de que ouço semelhantes coisas? E buscava ocasião de o ver. (Marcos, 6:14-15; Lucas 9:7-9).

Como foi dito anteriormente, os judeus acreditavam que somente os profetas e não as pessoas comuns reencarnavam. Observam-se nessas passagens que, para o povo,

27. *O Céu e o Inferno* – Allan Kardec – FEB.

Jesus era João Batista, Elias, Jeremias ou qualquer profeta antigo, todos eles mortos, exceto Elias, que segundo a Bíblia, não morreu, pois foi levado, vivo, aos céus. Se Jesus fosse a ressuscitação de um dos antigos profetas, ou seja, se ele fosse a volta à vida de um dos antigos profetas, sua aparência deveria ser igual a do seu antigo corpo[28]. Assim, a única forma de explicar as passagens acima referidas seria crer que muitos pensavam que Jesus era a reencarnação e não a ressuscitação de algum antigo profeta.

No Velho Testamento havia uma profecia que se referia à volta de Elias para anunciar o Cristo, o escolhido de Deus, que libertaria o povo judeu do jugo que sofria. Por isso os escribas não acreditavam que Jesus era o messias, pois Elias ainda não havia voltado para anunciá-lo, como vemos a seguir:

"... E os discípulos lhe perguntaram, dizendo: Pois porque dizem os escribas que importa vir Elias primeiro? Mas ele, respondendo, lhes disse: Elias certamente há de vir, e eles não o conheceram, antes fizeram dele o quanto quiseram. Assim também, o Filho do Homem há de padecer às suas mãos. Então compreenderam os discípulos que de João Batista é que ele lhes falara." (Mateus, 17:10-13; Lucas, 18:10-12).

Os apóstolos tinham a certeza de que Jesus era o messias, somente não compreendiam porque a profecia de que Elias voltaria para anunciar sua vinda não havia sido cumprida. Por isso fazem essa pergunta a Jesus *"Pois porque dizem os escribas que importa vir Elias primeiro?"* Ele responde que Elias tinha vindo conforme anunciado, mas não foi reconhecido e foi morto, assim como ocorreria com o Cristo.

28. No dogma da ressurreição da carne a alma retorna à vida com o mesmo corpo que tinha antes de morrer.

"Então compreenderam os discípulos que de João Batista é que ele lhes falara." Portanto, não reconheceram Elias reencarnado no corpo de João Batista.

Curiosamente, o profeta Elias mandou degolar quatrocentos e cinquenta adoradores do Deus Baal por não adorarem Jeová. Tinha hábitos semelhantes aos de João Batista - se vestia com pele de carneiros, gostava de viver sozinho no deserto e se alimentava de insetos. Reencarnado como João Batista foi degolado, talvez como expiação pelos crimes de degola cometidos quando era Elias.

Em outra passagem do Novo Testamento, Jesus afirmou a reencarnação de Elias como João Batista, de forma simples e direta, e ainda afirmou que essa revelação era para aqueles que tinham ouvidos de ouvir, ou seja, para aqueles que estavam maduros para compreender a lei da reencarnação.

"Desde os dias de João Batista até agora, o Reino dos Céus sofre violência, e os violentos se apoderam dele. Pois todos os profetas e a lei profetizaram até João. E, se quiserdes aceitar, ***ele é o Elias que havia de vir****. Quem tem ouvidos para ouvir, ouça."* Jesus - (Mateus, 11:12-15)

Ainda nos ensinos de Jesus encontramos o famoso diálogo entre Jesus e Nicodemos, em que o mestre afirma: *"Amém, amém, eu te digo que se alguém não for gerado de novo {ou do Alto} não pode ver o Reino de Deus."* (João 3:1-12).

E ante a pergunta de Nicodemos como poderia um homem velho entrar de novo no ventre de sua mãe, Jesus responde: *"O que foi gerado da carne é carne, o que foi gerado do espírito é espírito. Não te maravilhes de que eu tenha dito: É necessário a vós ser gerado de novo {ou do alto}". - O Novo Testamento* - tradução de Haroldo Dutra Dias, FEB.

15. Existem provas de que há reencarnação?

a) Provas morais:

Observando-se a diversidade de oportunidade e dons existentes entre as pessoas desse mundo e descrendo-se da reencarnação, fatalmente ter-se-ia que acreditar na existência de um Deus injusto, pois privilegia uns em detrimento de outros. A uns, a beleza, a saúde, a riqueza, a inteligência; a outros, a fealdade, a doença, a miséria e a deficiência mental. Como Deus poderia dar a uns tudo e a outros quase nada, para depois julgá-los e condená-los de modo irremediável após a morte, numa única existência, se tiveram oportunidades diferentes? Onde a justiça dessa crença?

E, supondo-se que a vida na Terra acabe no túmulo e após a morte haja o terrível julgamento que determina a eternidade das penas, no inferno de fogo ou num céu de beatitudes, como se sentiria uma mãe generosa, no céu, separada para sempre de seu filho amado, no inferno, caso não tenha tido o merecimento de ir para o céu como sua genitora? Será que ela não preferiria desistir do céu para balsamizar as dores de seu filho querido e consolá-lo por toda a eternidade?

Ao contrário, através da crença na reencarnação, das almas criadas por Deus, simples e ignorantes, porém dotadas de inteligência para que possam progredir e atingir a perfeição moral e intelectual, segundo seus próprios esforços, assim como o entendimento de que através das vidas sucessivas se aprimoram até que atinjam o estado de perfeição, quando todos se reunirão definitivamente num mundo celeste, gozando da eternidade com Deus, pode-

-se, pois, entender a justiça e a bondade do Criador, que a ninguém condena para sempre. Não existirá separação definitiva, mas a esperança de se viver um amor sem adeus.

Alguns poderão argumentar que ninguém será condenado se crer em Jesus como salvador, como prega a igreja. Mas, pergunta-se, e os dois terços da Humanidade que não tiveram a oportunidade de conhecer o cristianismo? Os budistas, muçulmanos, hinduístas e tantos outros que nunca se quer ouviram falar de Jesus? Todos irremediavelmente perdidos, para sempre?

Logo, a crença na reencarnação está de pleno acordo com o que se espera da justiça divina, renovando oportunidades de evolução e progresso, despindo vagarosamente a alma de todas as suas imperfeições até atingir o estado de pureza angelical.

b) Provas científicas:

Existem inúmeras pesquisas científicas buscando provar a reencarnação e a título de exemplo destacar-se-á alguns importantes estudos sobre o assunto.

O professor e cientista Hemendra Nath Banerjee, da Universidade de Rajasthan, Índia, desenvolve amplo trabalho de pesquisa sobre reencarnação que conta com mais de 3.000 casos catalogados sugestivos de reencarnação.

Do mesmo modo, Ian Stevenson, médico psiquiatra americano, Diretor do Departamento de Psiquiatria e Neurologia da Escola de Medicina da Universidade de Virgínia, Estados Unidos, até o ano de 1960, já havia investigado mais de 600 casos que resultaram na publicação da obra *Vinte casos sugestivos de reencarnação*. Esse médico despertou o interesse do jornalista Tom Shroder, do Washington Post, que publicou o livro *Almas antigas*, pela Editora Sextante, documentando as pesquisas que o Dr. Ian realizou durante 37 anos viajando pelo mundo, em busca de casos sugestivos de reencarnação, estudando crianças que se lembravam de suas vidas passadas, usando todo o rigor em sua pesquisa, como numa investigação policial, catalogando quase 3.000 casos, como esse: *"Na Índia, menina de 07 anos, de nome Preet, filha de Tek Ram, desde que aprendeu a falar, dizia que essa não era sua família. Disse ter vivido em Loa-Majra, cidade nunca visitada por seus pais, e que seu nome era Sheila. Tinha falecido durante um atropelamento, lesou gravemente a perna e apontava, nessa encarnação, uma marca de nascença no local da fratura. O pai dela, da outra vida, tomou conhecimento dessa história e veio vê-la. Ela não só o reconheceu, como perguntou sobre toda a família, amigos e vizinhos".*

Outra interessante pesquisa foi efetuada pelos psicólogos paulistas Júlio Peres e Manoel Simão que fizeram o mapeamento cerebral de alguns dos seus pacientes, durante as sessões de regressão de memória, usando aparelhos de tomografia computadorizada com emissão de pósitrons. Os exames revelaram que "*A área do cérebro ativada quando os pacientes entram em uma hipotética vida passada é a da memória. A parte que comanda os circuitos da imaginação, durante a regressão, não entra em atividade*"[29].

Existem ainda muitas pesquisas acerca da mediunidade sendo efetuadas em diversos países, assim como no Brasil, na Universidade de São Paulo, com orientação do Dr. Sérgio Felipe de Oliveira. Essa equipe de pesqui-

29. http://www.apologiaespirita.org/apologia/artigos/025 – Espiritismo e ciência caminham juntos.

sas de Psicobiofísica estuda os fenômenos mediúnicos, mediunidade, a comunicação com o mundo espiritual e a reencarnação[30].

16. Nos livros espíritas se lê que, no mundo espiritual, se estuda, trabalha e progride. Então, para que reencarnar?

O professor ministra provas ao aluno para saber se ele assimilou as lições dadas em sala de aula, estando, desse modo, apto a aprender novos conceitos. Se não aprendeu, o professor repete o tema até que ele absorva e integre esses conhecimentos para, depois, receber outros. Portanto, na escola terrena, a cada ano que passa o aluno se capacita de forma progressiva, assimilando dia a dia novos conteúdos didáticos, até que atinja o ápice da carreira universitária. Na escola da vida não poderia ser diferente. Sem dúvida alguma a alma progride no mundo espiritual, mas o faz muito mais rapidamente no mundo material, pois estuda e se prepara no mundo espiritual, mas é no mundo material que sofre as provas que vão testar os conhecimentos adquiridos, fixar o aprendizado e capacitá-la a receber novos ensinamentos. Além das provações, entendidas como testes, desafios e lutas que ajudam a alma a desenvolver todo seu potencial, a reencarnação proporciona também a oportunidade de expiação dos males praticados em existências anteriores, quando pode reparar erros e ressarcir prejuízos causados a outrem ou a si mesmo. É importante entender

30. Aos interessados em se aprofundar no tema basta digitar no Google o nome do Dr. Sérgio Felipe de Oliveira e acessar as inúmeras pesquisas em andamento. Conheça também a associação médica espírita brasileira no endereço eletrônico http://www. amebrasil.org.br.

que a expiação não tem caráter punitivo, mas reeducativo para a alma infratora.

Além das provas e expiações, a reencarnação nos mundos materiais tem ainda duas outras finalidades: permitir que o espírito encarnado auxilie o progresso da humanidade e melhore o meio em que vive, executando tarefas de acordo com seu grau de evolução, servindo de instrumento de Deus. Finalmente, a reencarnação permite o expurgo das energias doentias acumuladas no corpo espiritual devido a pensamentos, sentimentos e atitudes danosas praticadas em existências anteriores. O corpo físico funciona como exaustor dessas energias. Esse processo será mais bem explicado mais adiante quando se falar do corpo espiritual.

17. Há algum planejamento antes de reencarnar, alguma espécie de destino?

O planejamento reencarnatório pode ser concebido pelo próprio espírito que deseja reencarnar se ele estiver suficientemente amadurecido para saber o que precisa para evoluir. Caso contrário, espíritos mais esclarecidos especialmente designados para esta tarefa farão o planejamento de sua reencarnação. Na primeira situação, o espírito *[...] "escolhe o gênero de provas por que há de passar e nisso consiste o seu livre-arbítrio"*. (Allan Kardec: *O Livro dos Espíritos*, questão 258). Na outra situação, *"Deus lhe supre a inexperiência, traçando-lhe o caminho que deve seguir, como fazeis com a criancinha. Deixa-o, porém, pouco a pouco, à medida que o seu livre-arbítrio se desenvolve, senhor de proceder à escolha"*. (Allan Kardec: *O Livro dos Espíritos*, questão 262).

Os espíritos *"tendem para a perfeição e Deus lhes faculta os meios de alcançá-la, proporcionando-lhes as provações da vida corporal. Sua justiça, porém, lhes concede realizar, em novas existências, o que não puderam fazer ou concluir numa primeira prova"*. Dessa forma compreendemos que não há improvisação nos procedimentos que antecedem as experiências reencarnatórias. Existe um planejamento fundamentado na lógica e na moralidade, objetivando o progresso espiritual do Ser. Assim, a escolha das provas no planejamento reencarnatório merece cuidados especiais por parte dos espíritos planejadores.

No planejamento reencarnatório é definido o momento da nova reencarnação, as provas ou experiências que vivenciaremos no plano físico, a escolha dos nossos pais e demais familiares, a cidade e o país em que renasceremos, questões relativas ao casamento, filhos, à profissão, religião, entre outras. É importante destacar que somente os principais acontecimentos que poderão ocorrer no mundo físico estarão previamente definidos. Especialmente aqueles que terão grandes influências morais sobre o reencarnante.

Lê-se em *O Livro dos Espíritos* – *"Escolhestes apenas o gênero das provações. As particularidades correm por conta da posição em que vos achais; são, muitas vezes, consequências das vossas próprias ações. Escolhendo, por exemplo, nascer entre malfeitores, sabia o espírito a que arrastamentos se expunha; ignorava, porém, quais os atos que viria a praticar. Esses atos resultam do exercício da sua vontade, ou do seu livre-arbítrio. Sabe o espírito que, escolhendo tal caminho, terá que sustentar lutas de determinada espécie; sabe, portanto, de que natureza serão as vicissitudes que se lhe depararão, mas ignora se se verificará este ou aquele êxito. Os acontecimentos secundários se originam das circunstâncias e da força mesma das coisas. Previstos só são os fatos principais, os que influem no destino. Se tomares uma estrada cheia de sulcos profundos, sabes que terás de andar cautelosamente, porque há muitas probabilidades de caíres; ignoras, contudo, em que ponto cairás e bem pode suceder que não caias, se fores bastante prudente. Se, ao percorreres uma rua, uma telha te cair na cabeça, não creias que estava escrito, segundo vulgarmente se diz".*

O cumprimento total ou parcial do projeto reencarnatório dependerá dos esforços do espírito durante sua nova reencarnação sempre orientado e protegido pelos benfeitores espirituais que o sustentarão nas novas provas, entretanto, o maior ou menor cumprimento do planejamento depende do uso do seu livre-arbítrio.

Sabemos "haver espíritos que desde o começo tomam um caminho que os exime de muitas provas. Aquele, porém, que se deixa arrastar para o mau caminho, corre todos os perigos que o inçam. Pode um espírito, por exemplo, pedir a riqueza e ser-lhe esta concedida. Então, conforme o seu caráter, poderá tornar-se avaro ou pródigo, egoísta ou generoso, ou ainda lançar-se a todos os gozos da sensualidade". (Allan Kardec - *O Livro dos Espíritos,* questão 261).

Observamos, portanto, que a questão do planejamento reencarnatório está ligada às consequências do uso do livre-arbítrio, situação que sempre reflete o nosso nível de evolução moral e intelectual. O livre-arbítrio, repetidamente utilizado de forma incorreta, restringe a nossa capacidade de opinar em um novo planejamento.

Assim como ocorre aos espíritos ignorantes, que estão iniciando seu processo evolutivo, e com os portadores de marcante perturbação espiritual, aqueles que demonstram persistente estado de rebeldia perante a Lei de Deus são impedidos de opinar no próprio planejamento reencarnatório que passa a ser inteiramente delegado a espíritos mais esclarecidos. São casos onde a reencarnação é feita de forma compulsória: *"Deus impõe ainda a tutela de um espírito esclarecido sobre outro quando este, pela sua inferioridade ou má-vontade, não se mostra apto a compreender o que lhe seria mais útil, e quando vê que tal existência servirá para a purificação e o progresso do espírito, ao mesmo tempo em que lhe sirva de expiação".* (Allan Kardec - *O Livro dos Espíritos*, questão 262).

O que motiva um espírito a fazer a escolha de suas provações ou concordar com a escolha feita por outro espírito é *"a natureza de suas faltas, as que o levem à expiação destas e a progredir mais depressa. Uns, portanto, impõem a si mesmos uma vida de misérias e privações, objetivando suportá-las com coragem; outros preferem experimentar as tentações da riqueza e do poder, muito mais perigosas, pelos abusos e má aplicação a que podem dar lugar, pelas paixões inferiores que desenvolvem; muitos, finalmente, se decidem a experimentar suas forças nas lutas que terão de sustentar em contato com o vício".* (Allan Kardec - *O Livro dos Espíritos*, questão 264).

Desse modo, observa-se que o planejamento reencarnatório é diversificado e efetuado de acordo com a necessidade evolutiva de cada espírito. Conclui-se, portanto, que não existe um destino inexoravelmente escrito e do qual não se pode escapar. Planejamos no mundo espiritual o melhor para nós, mas no mundo material podemos, pelo livre-arbítrio, mudar esse planejamento, fazendo novas escolhas. Porém, todas as escolhas trazem consequências. Somos livres para semear, mas escravos da colheita de tudo o que tivermos semeado.

A reencarnação é um processo divino de evolução e se soubermos aproveitá-la, com esforço e vontade, saberemos utilizar nosso livre-arbítrio para vencer as provas, superar os obstáculos e progredir espiritualmente.

No livro de André Luiz *E a vida continua...*, psicografia de Francisco Cândido Xavier, há o relato, no capítulo vinte e seis, sobre a existência de um Instituto de Serviço para Reencarnação no plano espiritual. Na colônia Nosso Lar, livro *Nosso Lar* de André Luiz, o planejamento reencarnatório está sob a responsabilidade do Ministério do Auxílio[31].

18. Se a alma preexiste ao corpo, onde ela fica antes de reencarnar e quais suas ocupações?

Depende do seu grau de adiantamento moral e intelectual. Os espíritos superiores se reúnem em comunidades de perfeito amor, formando mundos felizes e vêm aos mundos inferiores em missão de socorro e auxílio, contribuindo para a evolução dos seus habitantes. Os bons espíritos jamais permanecem inertes num céu de beatitudes eternas, pois servem a Deus em constante trabalho de amparo e instrução aos homens. Os espíritos inferiores transitam ao redor da Terra inquietos, atormentados e revoltados com a morte física que os impede de continuar sorvendo a taça dos prazeres materiais. Muitos deles imantam-se aos homens encarnados com os quais compartilham os mesmos gostos, tais como álcool, drogas e sexo, tornando-os verdadeiros escravos de suas paixões.

No plano espiritual próximo à crosta terrestre há o umbral que *"Destina-se ao esgotamento dos resíduos mentais*

---

31. Para maior aprendizado leia os livros *Missionários da luz*, cap.12 e 13 e *E a vida continua*, capítulos 16 a 26, que relatam sobre o planejamento reencarnatório e as condições de execução das reencarnações.

doentios. É uma espécie de zona purgatorial onde se queima o material deteriorado das ilusões que a criatura humana adquiriu, desprezando o sublime ensejo de uma experiência terrena"[32]. Difere do purgatório católico porque nesse, após o expurgo do mal que carrega em si, a alma vai para o céu, ao contrário das almas que se encontram no umbral, que fatalmente reencarnarão, após um período mais ou menos longo de preparo nas cidades - colônias espirituais - aí existentes. Espíritos rebelados, culpados e os que são intencionalmente maus estacionam no umbral pelo período suficiente para levá-los ao arrependimento das faltas cometidas e ao desejo de reparar os erros quando, então, são recolhidos em casas transitórias e postos de socorro, onde muitos se preparam para novas reencarnações expiatórias e retificadoras.

Para os bons, o umbral é apenas uma passagem rumo às cidades espirituais nas quais reina a luz e a paz, onde repousam após as lutas terrenas e se preparam para novos voos evolutivos, quase sempre em reencarnações na Terra. Mas o umbral também é um local de trabalho caritativo a serviço do mestre Jesus, onde caravanas de luz exercem atividades de socorro, consolo e resgate de almas infratoras em estado de arrependimento. Mas, para os maus, o umbral é local de permanência mais ou menos longa, até o expurgo de todas as energias doentias que possuem, frutos dos maus pensamentos e sentimentos que abrigam. Porém, pela misericórdia divina, aí se instalam as colônias socorristas, tais como *Nosso Lar* e outras narradas na literatura mediúnica para amparo dos espíritos que estão nessas situações.

Por mais atrasados que sejam os espíritos que habitam

32. Do livro *Nosso Lar* - Francisco Cândido Xavier - André Luiz. FEB.

as zonas mais sombrias do umbral, nenhum deles está condenado para sempre, pois, cedo ou tarde, encontrarão sua luz através do esclarecimento reencarnatório. Ou seja, o inferno, segundo a doutrina espírita, não é uma região geográfica, mas sim um estado de consciência compartilhado por aqueles em quem predominam os maus pensamentos e sentimentos, que se inclinam ao mal e nele se comprazem. Irmãos imperfeitos e ignorantes carregam o inferno dentro de si, contudo, através de novas oportunidades dadas por Deus, nas sucessivas experiências reencarnatórias, atingirão a perfeição. Ninguém está condenado para sempre. Muitos deles se reúnem, por afinidade, em regiões que formam verdadeiras favelas espirituais, de existência temporária, não eterna[33], porque o destino de toda alma criada por Deus é a perfeição.

Curiosidade: As palavras céu e inferno existem na Bíblia, mas purgatório não. Ele foi criado pela igreja católica pelo papa Gregório I, em 593 d.C., sendo concretizada no Concílio de Florença, em 1439, e confirmada no Concílio de Trento, em 1563.

"O céu não é o paraíso nas nuvens, nem o inferno é a aterradora fornalha. O primeiro é uma situação em que existe uma comunhão com Deus e o segundo é uma situação de rejeição. O purgatório, contudo, não é um mero estado de espírito, como o são o céu e o inferno, mas uma condição de vida – aqueles que, depois da morte, vivem nesse estado de purificação, já estão imersos no amor de Cristo, que lhes tira todos os resíduos de imperfeição". – Papa João Paulo II – Correio da Manhã – 29/07/1999 – Jornal de Notícias – 05/08/1999.

33. Há espíritos voltados ao mal que permanecem séculos nessas zonas o que para eles deve parecer uma eternidade.

19. Os espíritos reencarnam somente na Terra?

Não, pois Jesus disse: "*Na casa de meu Pai há muitas moradas; se não fosse assim, eu vo-lo teria dito; vou preparar-vos lugar*". – (João, 14:2).

Segundo a doutrina espírita há muitos mundos habitados além do planeta Terra. Didaticamente esses mundos podem ser classificados em cinco categorias distintas:

- ***Mundos primitivos:*** São planetas onde os espíritos realizam suas primeiras experiências encarnatórias. A Terra, no passado distante, já esteve neste estágio primário.

- ***Mundos de expiação e provas:*** São planetas mais adiantados que os mundos primitivos, porém, devido ao pouco adiantamento moral de seus habitantes o mal e o sofrimento ainda predominam na sociedade. É um lugar onde os espíritos resgatam dívidas contraídas perante a Lei Divina e passam por provas destinadas ao seu aperfeiçoamento moral e intelectual. O mundo terreno atualmente está nesta categoria.

- ***Mundos regeneradores:*** São orbes onde não há mais expiações, mas existem provas pelas quais o espírito encarnado ainda tem que passar para adiantar-se, constituindo-se de mundos de transição entre os de expiação e provas e os felizes. *"Sem dúvida, em tais mundos o homem ainda se acha sujeito às leis que regem a matéria; a Humanidade experimenta as vossas sensações e desejos, mas liberta das paixões desordenadas de que sois escravos, isenta do orgulho que impõe silêncio ao coração, da inveja que a tortura, do ódio que a sufoca. Em todas*

> *as frontes, vê-se escrita a palavra amor; perfeita equidade preside as relações sociais, todos reconhecem Deus e tentam caminhar para Ele, cumprindo-Lhe as leis."* (Santo Agostinho - *O Evangelho segundo o Espiritismo*)

O planeta Terra está a caminho de sofrer esse salto evolutivo, muito em breve. Estamos em plena Era de Transição Planetária em que a Terra deixará de ser um mundo de provas e expiações para ser alçada a categoria de mundo de regeneração, no decorrer do terceiro milênio, quando então haverá "um novo mundo e uma nova era". Essa transformação se dará mediante a moralização dos seres que habitam esse planeta e pelo expurgo das almas que insistem em permanecer no mal e que, após a morte física, não mais reencarnarão na Terra, sendo transferidas para outros mundos compatíveis com seu grau de evolução. Por isso, nesse final de tempos, veremos muitas desencarnações coletivas, através de epidemias, guerras, comoções da natureza, etc., com o objetivo de acelerar o processo de renovação espiritual da Terra. Regenerados são os homens comprometidos com sua transformação moral.

- ***Mundos felizes:*** São os planetas onde predominam o bem e a justiça na vida social. Nessas sociedades não há mais injustiças de nenhuma natureza e os povos são fraternos uns com os outros, ajudando-se reciprocamente.
- ***Mundos divinos ou celestes:*** São mundos onde o amor e o bem reinam absolutos sem o mínimo sinal do mal. Constituem-se em moradas de espíritos superiores e puros que gozam de plena felicidade.

20. A BÍBLIA FALA DA EXISTÊNCIA DE UM CORPO ESPIRITUAL E O ESPIRITISMO FALA DO PERISPÍRITO. É A MESMA COISA?

Sim, corpo espiritual e perispírito são sinônimos.

Na primeira epístola (carta) de Paulo à Igreja de Corinto, no capítulo 15, podemos observar que o apóstolo dos gentios está explicando aos seguidores do mestre que a ressurreição ocorre num corpo fluídico e não no corpo carnal. Paulo usa vários termos para diferenciar o corpo físico do corpo espiritual: corruptível e incorruptível, perecível e imperecível, natural e espiritual, terrestre e celeste. Anoto aqui apenas alguns versículos desse extenso capítulo dedicado ao ensino a respeito do corpo espiritual que vale a pena ser lido em sua íntegra na Bíblia.

"Mas alguém pode perguntar": [...] "Como ressuscitam os mortos? Com que espécie de corpo virão?"(v.35). [...] Também há corpos celestiais e corpos terrestres (v.40). [...] "É semeado um corpo natural e ressuscita um corpo espiritual. Se há corpo natural, há também corpo espiritual" (v.44). A palavra *também* não deixa dúvidas de que se trata de dois corpos - físico e espiritual.

Interessante notar a simbologia poética com a semente que o apóstolo faz quando diz que é *semeado um corpo natural,* pois a semente *é abrigada no seio da* terra com o objetivo de desenvolver todo o potencial nela adormecido para se transformar num vegetal adulto, maduro, que produzirá seus frutos. Do mesmo modo a alma que se reveste de um corpo material para viver as vicissitudes da vida terrena e assim desenvolver todo seu potencial moral e intelectual, que a amadurece para que possa produzir frutos do verdadeiro amor, objetivo maior da encarnação dos espíritos. Assim como a semente direciona-se para cima, em busca da luz do sol, a alma dirige-se para o alto, em busca da luz divina ensinada pelo "sol do Evangelho".

No versículo 49 Paulo afirma que o corpo espiritual tem a aparência do corpo físico: *"Assim como tivemos a imagem do homem terreno, teremos também a imagem do homem celestial"*. Finalmente, no versículo 50, observamos a clareza de raciocínio do apóstolo quando diz que o corpo carnal não pode ser o herdeiro do Reino de Deus por ser de natureza perecível. Somente a alma é imortal e herdeira desse reino: *"Irmãos, eu lhes declaro que carne e sangue não podem herdar o Reino de Deus, nem o que é perecível pode herdar o imperecível"*.

Portanto, o homem é formado de três partes essenciais:

1º Corpo material;
2º Espírito;
3º Corpo espiritual ou perispírito. (Peri - em torno de).

O perispírito é o elemento intermediário de natureza semimaterial que interpenetra o corpo carnal servindo de meio através do qual a alma comanda o corpo físico, recebendo deste as impressões do mundo material. O que ocorre com a alma, o corpo sente, assim como tudo o que ocorre com o corpo, a alma registra. Imagine, para entender melhor, que a alma corresponderia à energia elétrica que está na tomada; o corpo, o aparelho que a energia porá em funcionamento; o perispírito, o fio condutor que conecta os dois.

A união entre a alma e o corpo começa na concepção e

se completa após o nascimento. Após a morte física o corpo espiritual segue com o espírito mantendo a forma que tinha na última encarnação, como disse o apóstolo Paulo. Desse modo, o espírito pode ser visto e reconhecido pelos médiuns videntes. Segundo a doutrina espírita foi com esse corpo fluídico que Jesus apareceu após sua morte no fenômeno conhecido como ressurreição[34] e não com o corpo físico, pois a ressurreição da carne após a morte é algo cientificamente impossível[35].

O dogma da ressurreição da carne foi decidido no Concílio[36] Ecumênico Laterancuse IV: *"Todos ressurgirão com seus próprios corpos que agora têm, para serem retribuídos conforme as suas obras, quer tenham sido boas ou más; estes (os réprobos) terão, com o diabo, a pena eterna; estes (os eleitos), com Cristo, a glória sempiterna"*.

O corpo espiritual pode ser visível e até tangível em determinadas situações, como no episódio bíblico em que Tomé toca as feridas do Cristo para cientificar-se de sua autenticidade.

21. Quais as principais propriedades do perispírito?

Os espíritos, como já foi dito, têm um corpo fluídico, a que se dá o nome de perispírito. Sua substância é haurida do fluido universal

34. Ressurreição - (em latim: resurrectio) significa literalmente "levantar; erguer". Esta palavra é usada com frequência nas Escrituras bíblicas, referindo à ressurreição dos mortos. No seio do povo hebreu seu significado literal é voltar à vida; assim o ato de uma pessoa considerada morta viver novamente era chamado ressurreição.

35. Respeito quem crê no dogma da ressurreição da carne dizendo que a Deus nada é impossível. NA.

36. Um concílio ou sínodo é uma assembleia de uma igreja, geralmente uma igreja cristã, convocada para decidir um ponto de doutrina ou administração.

ou cósmico[37]*, que o forma e alimenta, como forma e alimenta o corpo material do homem. O perispírito é mais ou menos etéreo, conforme os mundos e o grau de depuração do espírito. Nos mundos e nos espíritos inferiores, ele é de natureza mais grosseira e se aproxima muito da matéria bruta.*

Allan Kardec - *Obras Póstumas*

O corpo espiritual tem várias propriedades entre as quais as mais importantes são:

a) **Plasticidade** - O perispírito adapta-se automaticamente às ordens da mente. O espírito pode mudar sua aparência por um pensamento firme que plasma a imagem que ele quiser apresentar ao vidente. Espíritos inferiores podem apresentar deformidades do corpo espiritual resultantes do pensamento enovelado no mal. Podem também plasmar formas horripilantes e até animalescas somente para assustar os videntes. Os bons espíritos se apresentam de forma harmônica porque estão com o pensamento no bem, o que gera uma aparência saudável e bonita.

b) **Densidade e luminosidade** - Os espíritos inferiores têm energias mais densas, mais próximas da vibração da matéria, por isso têm menor luminosidade e frequentemente caminham pesadamente sobre o solo, como os encarnados.

37. A doutrina espírita diz que Deus criou um elemento material primitivo que dará origem a todas as coisas materiais. A essa matéria primitiva dá-se o nome de fluido cósmico universal. Note-se que o corpo físico e o corpo espiritual se originam da condensação dessa energia em torno do campo eletromagnético da alma. Diferem um do outro pelo grau de condensação que no corpo material é maior. Por isso se diz que o corpo espiritual é feito de matéria quintessenciada, sendo classificado como semimaterial.

Os espíritos mais evoluídos possuem energias mais sutis em seus corpos espirituais, o que lhes confere leveza para levitar e se deslocar rapidamente, além de apresentarem-se com maior luminosidade, daí o nome espíritos de luz.

c) **Penetrabilidade** – Pelo fato de o perispírito ser formado de moléculas menos condensadas que a matéria, tal qual a conhecemos, não pode ser detido por nenhum obstáculo material, embora em níveis menos adiantados, os espíritos não consigam atravessar obstáculos, porque ignoram que possam fazê-lo. Jesus, ressurreto em seu corpo espiritual, penetrou ambiente onde os apóstolos se reuniam a portas fechadas.

d) **Tangibilidade e visibilidade** – O corpo espiritual pode ser visível e até tangível em determinadas situações, como dissemos a respeito do episódio bíblico em que Tomé toca as feridas do Cristo, cujo corpo espiritual estava condensado a ponto de se materializar temporariamente. Para que isso ocorra o espírito precisa condensar as energias do seu corpo espiritual. Para facilitar o entendimento pense na molécula da água como exemplo: se ela for condensada submetendo-a ao frio intenso, se transforma em gelo, ficando, portanto, sólida. Se for expandida, através do calor, torna-se vapor d'água e vai se tornando progressivamente invisível.

e) **Expansibilidade** – Da mesma forma que a luz não permanece encarcerada dentro da lâmpada, mas irradia-se para longe dela, o corpo perispiritual expande suas energias e entra em contato com a realidade extracorpórea a sua volta. Desse modo, a alma do sensitivo pode captar o que ocorre tanto no mundo espiritual como no mundo material, mesmo em locais distantes de onde se encontra seu corpo físico. Pela sua natureza fluídica, portanto, o perispírito é expansível e irradia para o exterior formando em torno do corpo uma espécie de atmosfera que o pensamento e a força da vontade podem dilatar mais ou menos. Daí se segue que pessoas há que, sem estarem em contato corporal, podem achar-se em contato pelos seus perispíritos e permutar a seu mal grado impressões e, algumas vezes, pensamentos, por meio da telepatia. Essa propriedade é a responsável pela captação das mensagens dos espíritos que entram em contato com o perispírito do médium transmitindo pensamentos, sentimentos e sensações diversas.

f) **Sensibilidade** - É a propriedade que o perispírito tem de transmitir sensações, sentimentos e emoções do espírito. As sensações não são percebidas por um órgão ou estrutura biológica, tal como acontece no corpo físico. Elas são gerais, percebidas em todo o perispírito. O espírito, assim, [...] *vê, ouve, sente, enfim com o corpo espiritual inteiro [...], uma vez que as sedes dos sentidos não encontram localização tão específica quando se observa no estado de encarnação.* (ZIMMERMANN, Zalmino. *Perispírito.).* Por isso os videntes dizem que veem um espírito atrás de si, sem estarem com os olhos voltados para as suas costas. Na verdade é o perispírito que vê, ou melhor, percebe. Por isso a parapsicologia classifica como percepção extrassensorial as capacidades da alma em estado de expansão.

g) **Perenidade e mutabilidade** - O perispírito é imperecível, incorruptível, como disse o apóstolo Paulo, e acompanha o espírito após a morte do corpo físico. Ele sofre mudanças progressivas conforme o espírito evolui, ficando mais sutil e luminoso, depurando-se das energias densas, que decorrem dos pensamentos e sentimentos doentios da alma. Portanto, por meio da transformação de pensamentos e sentimentos desequilibrados em pensamentos e sentimentos sublimados, esse corpo fluídico [...] *depura-se e enobrece-se com a alma; segue-a através das suas inumeráveis encarnações; com ela sobe os degraus da escada hierárquica, torna-se cada vez mais diáfano e brilhante para, em algum dia, resplandecer com essa luz radiante.* (DENIS, Léon. *Depois da morte*).

A drenagem das energias doentias ocorre também durante a reencarnação, sendo o corpo físico um verdadeiro exaustor para elas.

h) **Unicidade -** Não há dois perispíritos iguais; cada corpo espiritual é único porque é o reflexo de cada espírito, ou seja, a soma das conquistas milenares de cada ser ao longo das sucessivas reencarnações.

22. Quais as funções do corpo espiritual ou perispírito?

O perispírito tem várias funções, mas a função primordial do perispírito é **servir de instrumento à alma** em sua interação com o mundo físico e espiritual. Como corpo imperecível da alma, **individualiza-a e a identifica**, garantindo-lhe a existência única e exclusiva. Carrega todas as particularidades da alma, registrando sua própria história evolutiva. Isso significa que o perispírito, como um vídeo gravador da alma, registra pensamentos, sentimentos e ações do espírito e os arquiva em verdadeiras trilhas energéticas concêntricas, como se fosse um "DVD" de um filme.

O corpo físico e o espiritual têm origem comum, pois ambos provêm da condensação da energia cósmica ao redor da alma. E, por terem origem comum, interagem um sobre o outro. Os maus pensamentos, na forma de energias mentais enfermiças, alteram as energias do corpo espiritual, gerando desequilíbrios no corpo físico, provocando doenças. Do mesmo modo, agressões intensas e contínuas sobre o corpo físico se transferem ao campo energético do perispírito, gerando lesões potencialmente irreversíveis nesse corpo sutil. Esses blocos de energias doentias permanecem no corpo espiritual, algumas vezes, até mesmo após a destruição do corpo físico, pelo fenômeno da morte, necessitando de exoneração na próxima reencarnação, quando as energias desarmônicas do corpo espiritual são absorvidas pelo novo corpo em formação, o que muitas vezes pode gerar enfermidades de nascença. Nesses casos o corpo físico adoece, mas o corpo espiritual se purifica. Desse modo, materializamos em novas existências o resultado de nossos deslizes em vidas anteriores e somos os construtores de nosso destino. Portanto, durante a reencarnação, o perispírito tem a função de ser o **modelo organizador biológico** do novo corpo físico, ou seja, serve de molde para a formação do corpo do bebê.

23. As doenças de nascença são castigos pelos erros que a alma cometeu em outras vidas?

Não, Deus não castiga ninguém, pois ao criar os espíritos simples e ignorantes sabia que poderiam errar por ignorância, mais que por maldade. A Providência Divina criou leis universais que ao serem transgredidas geram sofrimentos, não como castigo, mas como consequências dos abusos contra essas leis. Assim, por exemplo, se um indivíduo usa drogas que geram danos ao seu sistema nervoso e desenvolve uma doença mental não se trata de punição, mas de consequência.

Como vimos na questão anterior, o corpo espiritual é feito da mesma substância do corpo físico, o fluido cósmico universal, por isso absorve parte das intoxicações sofridas pelo corpo físico. No exemplo do usuário de drogas supracitado, se o dano for intenso no corpo físico, fatalmente se transferirá para as energias sensíveis do corpo espiritual. Se este, como vimos, serve de molde para o novo corpo, na próxima encarnação, estando o molde defeituoso, o corpo nascerá defeituoso.

As energias doentias do corpo espiritual drenam para a matéria do novo corpo em formação no útero materno com o objetivo de purificar o corpo espiritual, mas o corpo material adoece. A doença, então, é um caminho de cura para a alma, assim como a cegueira física do apóstolo Paulo, na estrada de Damasco, serviu para curar-lhe a cegueira espiritual.

24. Os espíritos sabem tudo? Podemos confiar em suas orientações?

Não, pois os espíritos são nada mais que as almas daqueles que um dia viveram sobre a Terra, portanto, assim como os homens, têm conhecimentos limitados. Nas questões 96 a 99, Kardec nos mostra que os espíritos são de diferentes ordens, segundo o grau de perfeição a que tenham chegado; que o número dessas ordens é ilimitado, pois não há uma linha de demarcação traçada como barreira, mas podemos sintetizá-las em três ordens principais:

a) Primeira ordem - 1ª classe - Espíritos puros: atingiram a perfeição moral e intelectual e não precisam mais reencarnar. Despojados completamente da influência da matéria, atingiram a superioridade absoluta em inteligência e moral e gozam de felicidade plena. Jesus é um exemplo típico dessa classe, assim como os anjos, arcanjos e serafins da igreja.

b) Segunda ordem - Espíritos que desejam o bem e são felizes em realizá-lo. Não têm inveja, ciúme, remorso, ódio, rancor, ambição; não se deixam levar pelo orgulho.
   - 2ª classe - Espíritos superiores: reúnem ciência, sabedoria e moral.
   - 3ª classe - Espíritos prudentes: predomínio das qualidades morais sobre as intelectuais.
   - 4ª classe - Espíritos sábios: predomínio das qualidades intelectuais sobre as morais.
   - 5ª classe - Espíritos benévolos: são bondosos e protegem os homens.

c) Terceira ordem - Espíritos imperfeitos. Os interesses da vida material estão acima dos interesses da vida espiritual. São ignorantes e têm conhecimentos limitados; orgulhosos e egoístas; sentem inveja, ciúme e rancor. Alguns são levianos, brincalhões e zombeteiros, mais inconsequentes do que maus. Podemos notar em alguns a sensualidade, a crueldade, a hipocrisia, a avareza sórdida, a deslealdade e até mesmo o prazer em perseguir os bons.
   - 6ª classe - Espíritos batedores e perturbadores: se manifestam pelos efeitos físicos.
   - 7ª classe - Espíritos neutros: indiferentes: não fazem mal, mas também não se dedicam ao bem.

- 8ª classe - Espíritos pseudossábios: são orgulhosos, acham que tudo sabem. São teimosos e invejosos.
- 9ª classe - Espíritos levianos: ignorantes, zombeteiros; induzem à intriga e ao erro.
- 10ª classe - Espíritos impuros: comprazem-se na prática do mal.

25. Sofre-se muito para desencarnar? As pessoas que amamos e que morreram antes de nós vêm nos buscar?

O que ocorre com o espírito no momento da morte depende do gênero de morte e, principalmente, do grau de evolução do espírito. Nas mortes súbitas, acidente, enfarte e "derrame" fulminantes, por exemplo, o espírito é expulso do corpo físico de forma abrupta, enquanto os laços fluídicos que prendem a alma ao corpo ainda estão muito fortes. Tomado de um estado de perturbação, semelhante ao despertar depois de longas horas de sono, alguns espíritos ainda acham que estão vivos. Regressam ao lar e ao ambiente de trabalho, mas não compreendem por que os familiares não mais os reconhecem e parecem desprezá-los. Ficam como que tomados de angustioso pesadelo, que pode durar horas, dias, meses e anos, dependendo do grau de evolução do espírito. Todos os espíritos passam por esse período de perturbação após a morte. Porém, no caso de mortes naturais, como o câncer, por exemplo, os laços que prendem o espírito ao corpo vão se afrouxando pouco a pouco durante a moléstia, facilitando o desligamento do espírito no momento da morte, minimizando, desse modo, a intensidade da perturbação espírita.

Contudo, mais importante que o gênero de morte é o

grau de evolução do espírito que determina a intensidade e duração da perturbação após a morte física. Quanto mais evoluído o espírito, menor o tempo de perturbação após a morte, pois ele vive, quando encarnado, muito mais ligado à vida espiritual do que à vida material. Ao contrário, naqueles em que a vida foi toda material e sensual a perturbação é maior, porque o apego às coisas materiais é mais intenso, dificultando sua libertação.

Entretanto, quando se fala em perturbação espiritual não se está falando necessariamente de sofrimento consciente, mas de um estado de confusão mental, de falta de lucidez para entender o que ocorreu. Um espírito, evocado nessa condição, pareceria confuso, desorientado e teria dificuldade de dizer quem é, onde morava e como morreu. Há casos de espíritos mais evoluídos que se comunicam imediatamente após a desencarnação com total lucidez.

No momento da morte a alma geralmente é recepcionada no mundo espiritual pelos entes queridos que partiram antes dela para a pátria espiritual. Os que foram bons, reúnem-se a seus familiares e amigos em cidades espirituais, onde vivem, estudam e trabalham e se preparam para novas encarnações. Espíritos inferiores convalescem em hospitais espirituais ou permanecem em postos de atendimento espiritual espalhados pelo umbral e na própria crosta terrestre. Muitos desses espíritos inferiores despertam no mundo invisível, revoltados, porque não aceitam a desencarnação. E, como dissemos, querendo continuar gozando os prazeres da vida material retornam à Terra e escravizam os encarnados que apresentam as mesmas afinidades de gostos que eles tinham quando vivos, dando origem às perturbações espirituais e obsessões, que serão estudadas em questões posteriores.

26. QUANTO TEMPO DEVO ESPERAR PARA PEDIR UMA PSICOGRAFIA DO MEU ENTE QUERIDO QUE MORREU?

No capítulo XXV de *O Livro dos Médiuns* Kardec pergunta aos espíritos:

- *Quanto tempo deve decorrer, depois da morte, para que se possa evocar um espírito?*

- *Podeis fazê-lo no instante mesmo da morte; mas, como nesse momento o espírito ainda está em perturbação, só muito imperfeitamente responde.*

Em nota explicativa a essa resposta Kardec acrescenta: "*Sendo variável o tempo que dura a perturbação, não pode haver prazo fixo para se fazer a evocação. Entretanto, é raro que, ao cabo de oito dias, o espírito já não tenha conhecimento do seu estado, para poder responder. Algumas vezes, isso lhe é possível dois ou três dias depois da morte. Em todos os casos se pode experimentar com prudência*".

É preciso compreender também que nem sempre o espírito tem permissão dos espíritos superiores para psicografar e isso é uma prova para quem solicita a mensagem. Outras vezes ele não quer responder ao chamado ou não pode, por ter outras ocupações a fazer ou por estar em estado de sono reparador como parte do estado de perturbação que se segue à morte.

De modo geral, na doutrina espírita não se tem o hábito de evocar o espírito para que ele psicografe uma mensagem, preferindo que ela venha de forma espontânea. Dizemos que o telefone toca de lá pra cá e que cabe ao médium atender e passar o recado. No entanto, nada impede que a família deixe o nome com os dirigentes das reuniões mediúnicas ou de psicografia, se houver, e se a comunicação ocorrer, a família será notificada.

Os médiuns são geralmente muito procurados para as evocações e psicografias de interesse particular pelo desejo muito natural que todos têm de confabular com os entes que lhes são caros. Kardec propõe que se tenha cautela em aceitar esse tipo de convite e que antes de tudo tenhamos a certeza da sinceridade de quem faz o pedido porque muitos o fazem para testar o médium ou por pura curiosidade. Importante entender também que poucos médiuns têm a flexibilidade para se ligar fluidicamente a todo e qualquer espírito evocado. Isso significa que mesmo estando presente na reunião, o espírito evocado pode ter dificuldade de encontrar um médium com quem seus fluidos perispirituais se combinem de maneira que ele possa transmitir-lhe seus pensamentos.

O APRENDIZ

Parte II

Transformação moral através do evangelho de Jesus

Transformação moral

1. Quem é Jesus para o espiritismo?

A doutrina espírita afirma que Jesus é o guia e modelo a ser seguido pela Humanidade terrestre, *"o tipo da perfeição moral a que a Humanidade pode aspirar na Terra"*[38]. Seu Evangelho se constitui no precioso roteiro que aponta o caminho a ser trilhado: *"Eu sou o caminho, a verdade e a vida. Ninguém vai ao Pai se não por mim"*. Ele expressa integralmente o pensamento divino, sendo verdadeiro médium de Deus: [...] "A *doutrina que ensinou é a expressão mais pura da lei do Senhor, porque, sendo ele o mais puro de quantos têm aparecido na Terra, o Espírito Divino o animava"*, afirma Kardec, e Jesus expressa essa mesma ideia ao dizer *"Se me conheceis, também conhecereis a meu Pai"*[39].

Há muita similaridade entre o que se lê na Bíblia e o que é ensinado pelos espíritos. Um exemplo disso é descrito no Evangelho de João, capítulo 08, versículos 53 a 59

38. Questão 625 de *"O Livro dos Espíritos"*. Allan Kardec.

39. João 14:06.

quando Jesus quase foi apedrejado por ter afirmado que o Pai do povo Hebreu, Abraão, *"exultou por ver o meu dia, e viu-o, e alegrou-se". Disseram-lhe, pois, os judeus: Ainda não tens cinquenta anos, e viste Abraão? Disse-lhes Jesus: Em verdade, em verdade vos digo que antes que Abraão existisse, eu sou.*[40]

Ao afirmar que existia antes da formação do povo judeu, Jesus demonstra ocupar uma hierarquia espiritual superior à do patriarca, do qual descendia biologicamente, e ainda diz: *"Abraão, vosso pai exultou..."* (e não nosso pai). Além disso, usou uma expressão considerada sagrada pelos hebreus: "Eu sou" - de uso exclusivo do Deus Jeová, quando falava com Moisés. Nenhum judeu se atrevia a dizer "Eu sou", porque, para eles, significava que a pessoa se igualava a Deus e isso era uma heresia, punida com a morte por apedrejamento.

Interessante notar que o espírito Emmanuel ensina, pela psicografia de Francisco Cândido Xavier no livro *A caminho da luz*, que Jesus recebeu de Deus a tarefa de modelar o planeta Terra e conduzir seus habitantes a Ele. De fato, Jesus existia antes de Abraão e de qualquer ser vivente desse mundo. Para os espíritas, Jesus **é** um espírito puro, da mais alta hierarquia espiritual, em cujas mãos se conservam as rédeas diretoras da evolução deste mundo.

No referido livro, Emmanuel afirma a participação de Jesus na formação da Terra quando o orbe terrestre se desprendia da nebulosa solar: *"com as suas legiões de trabalhadores divinos,* [Jesus] *lançou o escopo da sua misericórdia sobre o bloco de matéria informe, que a sabedoria do Pai deslocara do Sol para as suas mãos augustas e compassivas. Operou a escultura geológica do orbe terreno, talhando a escola abençoada e grandio-*

40. João 08: 53-59.

sa, na qual o seu coração haveria de expandir-se em amor, claridade e justiça. [...] Organizou o cenário da vida, criando, sob as vistas de Deus, o indispensável à existência dos seres do porvir".

"A ciência do mundo não lhe viu as mãos augustas e sábias na intimidade das energias que vitalizam o organismo do Globo. Substituíram-lhe a providência com a palavra "natureza", em todos os seus estudos e análises da existência, mas o seu amor foi o Verbo[41] *da criação do princípio, como é e será a coroa gloriosa dos seres terrestres na imortalidade sem-fim".* Emmanuel utiliza a palavra Verbo, de modo semelhante ao que o apóstolo João utilizou no primeiro capítulo de seu Evangelho, versículo catorze: *"E o* ***Verbo se fez carne****, e habitou entre nós, e vimos a sua glória, como a glória do unigênito do Pai, cheio de graça e de verdade".*

E o Benfeitor Espiritual continua no referido livro: *"Jesus, cuja perfeição se perde na noite imperscrutável das eras, personificando a sabedoria e o amor, tem orientado todo o desenvolvimento da Humanidade terrena, enviando os seus iluminados mensageiros, em todos os tempos, aos agrupamentos humanos e, [...] desde que o homem conquistou a racionalidade, vem-lhe fornecendo a ideia da sua divina origem, o tesouro das concepções de Deus e da imortalidade do espírito, revelando-lhe, em cada época, aquilo que a sua compreensão pode abranger".*

Embora o cristianismo afirme que Jesus é Deus, o próprio Cristo afirma o contrário quando diz: *"Por que me chamais bom? Bom só o Pai que está nos céus"*[42]. *"Se me amásseis, ficaríeis alegres por eu ir para o Pai, porque o Pai é maior do que eu*[43]*".*

---

41. Os grifos são meus. "O Verbo se fez carne" é interpretado pelos cristãos como a encarnação de Deus em Jesus, o que sustenta o dogma da Santa Trindade. Emmanuel usa o termo "Verbo" para demonstrar a ação direta do Cristo na modelação do planeta.

42. Lucas 18:19.

43. João 14:28.

2. Por que Deus enviou Jesus?

Para ensinar a lei de Deus, que é o amor na mais pura essência, era necessário um espírito da mais alta pureza e evolução, pois a mensagem não poderia sofrer mácula e precisaria ser vivenciada para ser compreendida pelos homens. Desse modo, vem à Terra o próprio Governador Planetário, trazendo a profunda mensagem cristã, causando impacto por ser límpida e cristalina, livre de fórmulas iniciáticas ou de manifestações de culto externo.

Como vimos Moisés, o grande legislador e profeta hebreu, teve a missão divina de trazer ao homem terreno a sublime noção de justiça codificada nos Dez Mandamentos, enquanto Jesus entrega o código da fraternidade e do amor a todos os corações.

Neste sentido, Kardec elucida: "*A despeito do caráter reformador que Jesus imprimiu à lei de Deus, recebida mediunicamente por Moisés e conhecida como os Dez Mandamentos, na verdade o Cristo ensinou como compreendê-la e demonstrou como praticá-la*". "*Jesus não veio destruir a lei, isto é, a lei de Deus; veio cumpri-la, isto é, desenvolvê-la, dar-lhe o verdadeiro sentido e adaptá-la ao grau de adiantamento dos homens. Por isso é que se nos depara, nessa lei, os princípios dos deveres para com Deus e para com o próximo, base da sua doutrina. [...] combatendo constantemente o abuso das práticas exteriores e as falsas interpretações, por mais radical reforma não podia fazê-las passar do que as reduzindo a esta única prescrição: "Amar a Deus acima de todas as coisas e o próximo como a si mesmo"*, e acrescentando: *aí estão a lei toda e os profetas.*" (KARDEC, Allan. *O Evangelho segundo o Espiritismo.* Cap. 1, item 03).

A mensagem cristã nos esclarece que o "*O Evangelho é*

o edifício da redenção das almas. Como tal, devia ser procurada a lição de Jesus, não mais para qualquer exposição teórica, mas visando cada discípulo o aperfeiçoamento de si mesmo, desdobrando as edificações do mestre no terreno definitivo do espírito". (*O consolador*. Pelo espírito Emmanuel, psicografia de Francisco Cândido Xavier).

Dessa forma, o verdadeiro cristão deve buscar, antes de tudo, o modelo nos exemplos do mestre, porque o Cristo ensinou com amor e humildade o segredo da felicidade espiritual.

3. Qual a síntese da mensagem cristã?

O próprio mestre declarou em Mateus, capítulo 22, versículos 37-39: *"Amarás o Senhor teu Deus de todo o teu coração, e de toda a tua alma, e de todo o teu pensamento. Este é o primeiro e grande mandamento. E o segundo, semelhante a este, é: Amarás o teu próximo como a ti mesmo. Destes dois mandamentos dependem toda a lei e os profetas".*

"O amor resume a doutrina de Jesus, visto que esse é o sentimento por excelência. [...] A lei de amor substitui a personalidade pela fusão dos seres; extingue as misérias sociais. [...] Quando Jesus pronunciou a divina palavra – amor, os povos sobressaltaram-se e os mártires, ébrios de esperança, desceram ao circo"[44].

E para facilitar o aprendizado do amor ele coloca *"a humildade na categoria das virtudes que aproximam de Deus e o orgulho entre os vícios que d'Ele afastam a criatura, e isso por uma razão muito natural: a de ser a humildade um ato de submissão a Deus, ao passo que o orgulho é a revolta contra Ele"*[45]. Emmanuel, no livro

---

44. KARDEC, Allan. *O Evangelho segundo o Espiritismo*, Cap. 11, item 08.

45. Idem, idem, capítulo 07. "Bem-aventurados os pobres de espírito".

A caminho da luz destaca que "*A manjedoura assinalava o ponto inicial da lição salvadora do Cristo, como a dizer que a humildade representa a chave de todas as virtudes*".

Ao ensinar o amor e vivenciá-lo na prática, Jesus o situa como base das relações humanas e afirma que "*Nisto todos conhecerão que sois meus discípulos, se vos amardes uns aos outros.*"[46].

E como consequência do mais puro amor a si mesmo e ao próximo nasce o perdão das ofensas, abrindo as algemas do ódio, que encarcera e tortura tanto a vítima como o algoz. Indulgência para com os erros alheios, benevolência para com todos e perdão das ofensas é a caridade, tal como Jesus a compreendia.

Finalmente, um dos pontos altos da mensagem cristã é a ressurreição do Cristo, que confirma a existência da vida após a morte exterminando de vez por todas as ideias materialistas. O Evangelho elucida que os maiores tesouros são os que as traças não roem, a ferrugem não destrói e os ladrões não roubam, nos ensinando que é hora de compreender e valorizar a vida, espiritualizando e existência.

4. Por que buscar a transformação moral através de Jesus?

Como vimos, a humanidade está vivendo um momento especial de transição planetária na qual a Terra deixará de ser um planeta de provas e expiações para ser um planeta de regeneração, onde o amor deve imperar soberano. Portanto, se quisermos conquistar uma vaga nesse novo mundo precisaremos iniciar o exercício de renovação moral em cada um de nós.

46. João 13:35.

A doutrina espírita facilita o entendimento da Lei Divina inscrita no Evangelho de Jesus, visando nossa reeducação, entretanto, por vezes, sentimos dificuldades de colocar em prática o conhecimento recebido e dificultamos, assim, o início de nossa transformação interior.

Neste sentido, devemos nos reportar aos ensinamentos dos espíritos, em *O Livro dos Espíritos*, questão 919, em que Allan Kardec pergunta: *"Qual o meio prático mais eficaz que tem o homem de se melhorar nesta vida e de resistir à atração do mal?"* A resposta foi dada por Santo Agostinho: *"Um sábio da antiguidade disse: Conhece a si mesmo"*. Diante da resposta, Kardec reflete sobre a dificuldade que possuímos para nos conhecer e questiona: *"Conhecemos toda a sabedoria desta máxima, porém a dificuldade está precisamente em cada um conhecer-se a si mesmo. Qual o meio de consegui-lo?"*. A síntese da resposta de Santo Agostinho segue abaixo para nossa reflexão e aprendizado e para ler na íntegra ver a questão 919 de *O Livro dos Espíritos.*

- Ao fim do dia, interrogar a consciência passando em revista o que fez e perguntar a si mesmo se não faltou a algum dever, se ninguém teve motivo para se queixar de você.
- Perguntar-se o que lhe motivou a agir em cada circunstância.
- Fez alguma coisa que, feita por outrem, censuraria? Fez algo que não ousaria confessar?
- Se Deus lhe chamar neste momento, teria que temer o olhar de alguém, ao entrar de novo no mundo dos espíritos, onde nada pode ser ocultado?
- As respostas dão descanso para a consciência, ou a indicação de um mal que precise ser curado?

- Mas, pode-se perguntar: Como julgar a si mesmo sem iludir-se? O avarento se considera apenas econômico e previdente; o orgulhoso julga que em si só há dignidade. Nesse caso, pergunte a si mesmo: como qualificaria a mesma ação se praticada por outra pessoa. Procure saber também o que pensam de você seus semelhantes e especialmente os seus inimigos. Eles podem ser o espelho que reflete sua alma. Essas são as sugestões do espírito Santo Agostinho.

Allan Kardec afirmou *"Reconhece-se o verdadeiro espírita pela sua transformação moral, e pelos esforços que faz para domar suas más inclinações"*. Dessa forma, devemos trabalhar diariamente em nossa renovação moral até atingirmos a pureza de sentimentos que nos transformará em espíritos bem-aventurados, ou seja, felizes.

Concluímos, pois, que para nos transformarmos precisamos aprender a vivenciar os ensinamentos de Jesus, o guia que nos conduzirá a plenitude espiritual.

5. Leitura de textos

a) Autoaprimoramento[47]

Como vencer os nossos conflitos interiores? De que modo eliminar as tendências menos construtivas que ainda nos caracterizam a individualidade? - indagamo-nos. De que modo esparzir a luz se muitas vezes ainda nos afinamos com a sombra? E perdemos tempo longo na introspecção sem proveito, da qual nos afastamos insatisfeitos ou tristes.

47. *Rumo certo* - Emmanuel e Francisco Cândido Xavier - FEB

Ponderemos, entretanto, que se os doentes estivessem proibidos de trabalhar, segundo as possibilidades que lhes são próprias, e se os benefícios da escola fossem vedados aos ignorantes, não restaria à civilização outra alternativa que não a de se extinguir, deixando-se invadir pelos atributos da selva. Felicitemo-nos pelo fato de já conhecer as nossas fraquezas e defini-las. Isso constitui um passo muito importante no progresso espiritual, porque, com isso, já não mais ignoramos onde e como atuar em auxílio da própria cura e burilamento.

Que somos espíritos endividados perante as Leis Divinas, em nos reportando a nós outros, os companheiros em evolução na Terra, não padece dúvida. Urge, porém, saber como facear construtivamente as necessidades e problemas do mundo íntimo. Reconhecemo-nos falhos, em nos referindo aos valores da alma, ante a Vida Superior, mas abstenhamo-nos de chorar inutilmente no beco da autopiedade. Ao invés disso, trabalhemos na edificação do bem de todos. Cultura é a soma de lições infinitamente repetitivas no tempo. Virtude é o resultado de experiências incomensuravelmente recapituladas na vida.

Jesus, o mestre dos mestres, apresenta uma chave simples para que se lhe identifiquem os legítimos seguidores: "conhecê-los-eis pelos frutos".

Observemos o que estamos realizando com o tesouro das horas e de que espécie são as nossas ações, a benefício dos semelhantes. E, procurando aceitar-nos como somos, sem subterfúgios ou escapatórias, evitemos estragar-nos com queixas e autocondenação, diligenciando buscar, isto sim, agir, servir e melhorar-nos sempre. Em tudo o que sentirmos, pensarmos, falarmos ou fizermos, doemos aos outros o melhor de nós, porque Deus nos conhecerá pelos bons frutos que produzirmos.

b) Autoconhecimento[48]

O autoconhecimento nos dá a habilidade de saber como e onde agem nossos pontos frágeis e até a quem atribuímos nossas emoções e sentimentos, facilitando-nos compreender melhor os que nos rodeiam. Caminhar no processo do autoconhecimento significa desenvolver gradativamente o respeito aos nossos semelhantes, impedindo que façamos projeções triviais e levianas de nossas deficiências nos outros.

Apenas quando tivermos um considerável conhecimento de nós mesmos é que poderemos ajudar efetivamente alguém. Se desconhecermos nosso mundo interior, como poderemos transmitir segurança e determinação ou dar força aos outros? O autoconhecimento requer constante autorreflexão.

Muitos relacionamentos não dão certo porque as pessoas não olham para dentro de si mesmas, não percebendo, assim, seus pontos vulneráveis e suas limitações. Quando atenuamos ou amenizamos as críticas a nosso respeito e a respeito dos outros, estamos assimilando de forma verdadeira as lições que o autoconhecimento nos proporciona.

Não são os grandes conflitos que tornam nossas relações (de negócios, de amizade, de família, conjugais) mal-sucedidas, e sim um conjunto de "insignificantes diferenças", reunidas através de longo período de tem-

48. *Prazeres da alma* - Hammed - Francisco do Espírito Santo Neto - Editora Boa Nova.

po. Cobranças, indelicadezas, petulância, insensibilidade, autoritarismo, desinteresse, impaciência, desrespeito - essas pequenas faltas no dia a dia podem destruir até mesmo as mais antigas e afetuosas convivências.

Embora não possamos perceber de forma clara e direta, lançamos na vida interpessoal pensamentos e emoções inaceitáveis. Eles formam nosso lado escuro - aquela área do inconsciente que governa e, ao mesmo tempo, dita as normas tanto nos confrontos desagradáveis como nos ímpetos de deboches e gracejos em nossos inúmeros relacionamentos (...).

Nossa "área sombria" é uma região inexplorada e indomada que atua de forma imperceptível em nossas ações e atitudes (...).

A mensagem subliminar desse nosso "mundo oculto" aparece quando nos horrorizamos com o comportamento sexual das pessoas, quando recriminamos e discriminamos cruelmente raças, credos e grupos de "minoria".

Os demônios, na Idade Média, e igualmente as bruxas e hereges simbolizaram brutais projeções de nosso desconhecido "lado escuro". Suplícios e fogueiras, guilhotina e ferro em brasa são marcas que assinalaram a história da humanidade com os ferretes da nossa crueldade inconsciente. É surpreendente como nossas tendências desconhecidas sempre arrumam uma forma de se "dourarem" de princípios filosóficos, redentores ou salvacionistas. O desconhecimento de nossa vida interior profunda nos conduz ao vale da incompreensão de nossos sentimentos para com nós mesmos e para com os outros. (...) os espíritos foram criados simples e ignorantes (...). Se não houvesse montanhas, o homem não poderia compreender que se pode subir e descer, e se não houvesse rochedos, ele não compreenderia que há corpos duros. É preciso que o espírito adquira experiência e, para isso, é preciso que ele conheça o bem e o mal (...).

Projetamos nossa sombra quando "pegamos alguém para Judas"; quando denegrimos e julgamos a sexualidade alheia sem nos dar conta dos próprios conflitos sexuais. Ela não somente se manifesta em um indivíduo, mas pode exprimir-se em um corpo social inteiro: nas perseguições raciais (nazismo, apartheid, Ku Klux Klan e outras tantas) e nas chamadas "guerras santas" ou "religiosas". (...). Já é tempo de não mais apontarmos o "cisco" no olho alheio.

Lembremo-nos de Jesus Cristo, o notável terapeuta de nossas almas, ao analisar os conflitos que atormentavam os seres humanos por não admitirem os diversos aspectos da própria sombra: "Assume logo uma atitude conciliadora com o teu adversário, enquanto estás com ele no caminho, para não acontecer que o adversário te entregue ao juiz e o juiz ao oficial de justiça e, assim, sejas lançado na prisão".

Nossos piores inimigos ou adversários estão dentro de nós, não fora. É imprescindível nos reconciliarmos com os opositores íntimos, ou seja, enxergarmos com bastante nitidez nosso "lado escuro", para atingirmos paz e tranquilidade de espírito.

Não somos necessariamente aquilo que parecemos ser. O autoconhecimento é a capacidade inata que nos permite perceber, de forma gradativa, tudo que necessitamos transformar. Ao mesmo tempo, amplia a consciência sobre nossos potenciais adormecidos, a fim de que possamos vir a ser aquilo que somos em essência.

c) Ética da transformação[49]

Reconhece-se o verdadeiro espírita pela sua transformação moral (...)

A reforma íntima é um trabalho processual. Processual significa aquilo que obedece a uma sequência. Em conceito bem claro, é a habilidade de lidar com as características da personalidade melhorando os traços que compõem suas formas de manifestação. Caráter, temperamento, valores, vícios, hábitos e desejos são alguns desses caracteres que podem ser renovados ou aprimorados.

Nessa saga de mutação e crescimento, o maior obstáculo a transpor é o interesse pessoal, o conjunto de viciações do ego repetido durante variadas existências corporais e que cristalizaram a mente nos domínios do personalismo.

O hábito de atender incondicionalmente as imposições dos desejos e aspirações pessoais levou-nos à cruel escravização, da qual muito será exigido nos esforços reeducativos para nos libertarmos do "império do eu".

Negar a si mesmo ou "despersonificar-se", esvaziar-se de "si", tirar a máscara é o objetivo maior da renovação espiritual. Esse o grande desafio a ser seguido por todos os que se comprometeram com seriedade nas nobres finalidades do espiritismo com Jesus e Kardec.

Extenso será esse caminho reeducativo na vitória sobre nossa personalidade manhosa e talhada pelo egoísmo...

O meio prático e eficaz de consegui-lo, conforme ensinam os bons espíritos da codificação, é o conhecimento de si mesmo. Entretanto, para levar o homem ao aprimoramento, o

---

49. Ermance Dufaux – Psicografia de Wanderley Soares de Oliveira – *Reforma Íntima sem martírio.*

autodescobrimento exige uma nova ética nas relações consigo e com a vida: é a ética da transformação, sem a qual a incursão no mundo íntimo pode estacionar em mera atitude de devassar a subconsciência sem propósitos de mudança para melhor. O espiritismo é inesgotável manancial no alcance desse objetivo. Seu conteúdo moral é autêntico celeiro de rotas para quantos desejem assumir o compromisso de sua transformação pessoal com segurança e equilíbrio. Sem psicologismo ou atitudes de superfície, a doutrina espírita é um tratado de crescimento integral que esquadrinha os vários níveis existenciais do ser na ótica imortalista. Nem sempre, porém, verifica-se tanta clareza de raciocínios entre os espíritas acerca dessa questão. Conceitos mal formulados sobre o que seja a renovação interior têm levado muitos corações sinceros a algumas atitudes de puritanismo e moralismo, que não correspondem ao lídimo trabalho transformador da personalidade, em direção aos valores capazes de solidificar a paz, a saúde e a liberdade na vida das criaturas. Por esse motivo, será imperioso que as agremiações do mundo, erguidas em nome do espiritismo ou aquelas outras que expandam a luz da espiritualização entre os homens, investiguem melhores noções sobre a ética da transformação, a fim de oferecer a seus profitentes uma base mais cristalina sobre os caminhos e percalços no sentido da iluminação de si mesmos.

A prática essencial e meta fundamental dos ensinos dos bons espíritos são a melhora da humanidade, a formação do homem de bem. O espiritismo, em verdade, está nos elos que criamos, uns com os outros e que passam a fazer parte da personalidade nova que estamos esculpindo com o buril da educação. Os "ritos" ou práticas doutrinárias são recursos didáticos para o aprendizado do amor – finalidade maior de nossa causa. Na falta do amor, as práticas perdem seu sentido divino e primordial.

Em face dessas reflexões, evidencia-se a urgência da edificação de laços de afeto nos grupamentos humanos, no intuito de fixarmos na intimidade as mensagens do evangelho e do bem universal. Afeto é a seiva vitalizadora dos processos relacionais e o construtor de sentidos nobres para a existência dos homens.

O autoconhecimento, através das luzes de imortalidade que se espraia dos fundamentos espíritas, é um mapa de como chegar ao "eu verdadeiro", à consciência. Todavia, essa viagem não pode ser feita somente com o mapa, necessita de suprimentos morais preventivos e fortalecedores, necessita de uma ética de paz consigo próprio. Somente se conhecer não basta, é necessário um intenso labor de autoaceitação para não cairmos nas garras de perigosas ameaças nessa "viagem de retorno a Deus", cujas mais conhecidas são a culpa, a autopunição e a baixa autoestima, as quais estabelecem o clima psicológico do martírio. É preciso uma ética que assegure à transformação pessoal um resultado libertador de saúde e harmonia interior. Tomar posse da verdade sobre si mesmo é um ato muito doloroso para a maioria das criaturas. À guisa de sugestões maleáveis, consideremos alguns comportamentos que serão efetivos roteiros de combate, vigília e treinamento para instauração das linhas éticas no processo autotransformador:

- **Postura de aprendiz** – [...] Sempre há algo para aprender e conceitos a reciclar. [...] Romper com os preconceitos e fugir do estado doentio da autossuficiência.
- **Observação de si mesmo** – É o estudo atento de nosso

mundo subjetivo, o conhecimento das nossas emoções, o não julgamento e a autoavaliação constante. Tendemos a avaliar o próximo e esquecer o serviço que nos compete, no entanto, relembremos que perante a imortalidade só responderemos por nós, no que tange ao serviço de edificação dos princípios do bem na intimidade.

- **Renúncia** - A mudança íntima exige uma seletividade social dos ambientes e costumes, em razão dos estímulos que produzem reflexo no mundo mental. No entanto, a renúncia deve ampliar-se também ao terreno das opiniões pessoais e valores institucionais, para os quais, frequentemente, o orgulho ilude.
- **Aceitação da sombra** - Sem aceitação da nossa realidade presente, poderemos instaurar um regime de cobranças injustas e intermináveis conosco e posteriormente com os outros. A mudança para melhor não implica em destruir o que fomos, mas dar nova direção e maior aproveitamento a tudo que conquistamos, inclusive nossos erros.
- **Autoperdão** - A aceitação, para ser plena, precisa do perdão. Recomeço é a palavra de ordem nos serviços de transformação pessoal. Sem ela o sofrimento e a flagelação poderão estipular provas dolorosas para a alma. É uma postura de perdão às faltas que cometemos, mas que gostaríamos de não cometer mais.
- **Cumplicidade com a decisão de crescer** - O objetivo da renovação espiritual é gradativo e exige devoção. Não é serviço para fins de semana durante a nossa presença nas tarefas do bem, mas serviço continuado a cada instante da nossa vida, onde estivermos. [...] muito facilmente somos atraídos para ilusões variadas. Somente com severidade e muita disciplina construiremos o homem novo almejado.

- **Vigilância** - É a atitude de cuidar da vida mental. Cultivar o hábito da higiene dos pensamentos, da meditação no conhecimento de si, da absorção de nutrição mental digna das boas leituras, conversas, diversões e ações sociais. Vigilância é a postura da mente alerta, ativa, sempre voltada a ideais enriquecedores.
- **Oração** - É a terapia da mente. Sem oração dificilmente recolheremos os germens divinos do bem que constituem as correntes de Energia Superior da Vida [...].
- **Trabalho** - Os Sábios Guias da codificação asseveram que toda ocupação útil é trabalho. Dar utilidade a cada momento dos nossos dias é sublime investimento de segurança e defesa aos projetos de crescimento interior.
- **Tolerância** - Toda evolução é concretizada na tolerância. [...]Há tempo para tudo e tudo tem seu momento. Os objetivos da melhoria requerem essa complacência conosco para que haja mais resultados satisfatórios. Complacência não significa conivência ou conformismo, mas caridade com nossos esforços.
- **Amor incondicional** - Aprender o autoamor é o maior desafio de quem assume o compromisso da reforma íntima, porque a tendência humana é desgostar de sua história de evolução, quando toma consciência do ponto em que se encontra ante os Estatutos Universais da Lei Divina. Sem autoamor a reforma íntima reduz-se à "tortura íntima". Aprender a gostar de si mesmo, independente do que fizemos no passado e do queremos ser no futuro, é estima a si próprio, um estado interior de júbilo com nosso retorno lento, porém gradativo, para a identificação plena com o Pai.
- **Socialização** - Se o interesse pessoal é o grande adversário de nosso progresso, então a ação em grupos de educação

espiritual será excelente medicação contra o personalismo e a vaidade. Destaquemos assim o valor das tarefas doutrinárias regadas de afetividade e siso moral. São treinamentos na aquisição de novos impulsos.

- **Caridade** - Se socializar pode imprimir novos impulsos e reflexões no terreno da vida mental, a caridade é o "dínamo de sentimentos nobres" que secundarão o processo socializador, levando-o ao nível de abençoada escola do afeto e revitalização dos ensinamentos espíritas.

Conviveremos bem com os outros na proporção em que estivermos convivendo bem conosco mesmo. A adoção de uma ética de paz, no transcorrer da metamorfose de nós próprios, será medida salutar no alcance das metas que almejamos, ao tempo em que constituirá garantia de bem-estar e motivação para a continuidade do processo. O exercício de negar a si mesmo não inclui o descuido pessoal, confundindo a sombra que precisamos reciclar com necessidades pessoais que não devemos desprezar, para o bem-estar e equilíbrio. Cuidemos apenas de atrelar essas necessidades de conformidade com os nossos rumos que escolhemos. Fazemos essa menção porque muitos corações queridos do ideal supõem que reformar é negar ou mesmo castigar a si, quando o objetivo do projeto de mudança espiritual é tornar o homem mais feliz e integrado à sua divina tarefa perante a vida. Nos celeiros de luz dos repositórios do Evangelho, verificamos um exemplo de rara beleza e oportunidade que servirá como diretriz segura para a "despersonificação" dos servidores do Cristo, na obra do amor: Ananias, o apóstolo chamado para curar os olhos do doutor de Tarso. Quando o mestre o chama pelo nome, o colaborador humilde, com prontidão e livre dos interesses pessoais, responde sabiamente: "Eis-me aqui, senhor!" O nome dessa virtude no dicionário cristão é disponibilidade para servir e aprender, o programa ético mais completo e eficaz para quantos desejam a autoiluminação.

6. O QUE SE DEVE TRANSFORMAR?[50]

Já o dissemos muitas vezes: o egoísmo. Dele se deriva todo o mal. Estudai todos os vícios e vereis que no fundo de todos existe o egoísmo. Por mais que luteis contra eles, não chegareis a extirpá-los enquanto não os atacardes pela raiz, enquanto não lhes houver destruído a causa. Que todos os vossos esforços tendam para esse fim, porque nele se encontra a verdadeira chaga da sociedade. Quem nesta vida quiser se aproximar da perfeição moral, deve extirpar do seu coração o egoísmo, porque ele é incompatível com a justiça, o amor e a caridade: ele neutraliza todas as outras virtudes.

***O Livro dos Espíritos*. Questão 913 – Entre os vícios, qual o que podemos considerar radical?**

Interessante, quando se fala em combate aos vícios logo se pensa em parar de fumar, beber, jogar, usar drogas, comer em excesso ou nos desequilíbrios sexuais. Mas a análise da questão acima demonstra que os espíritos da codificação elegem o egoísmo como o maior deles, porque dele derivam todos os outros vícios. Por esse motivo devem-se combater, sem tréguas, os vícios morais. Para isso é preciso reconhecê-los para conscientizar-se dos males que causam e, em seguida, comprometer-se com a mudança.

---

50. As questões 06 a 15 tiveram como fonte o livro *Manual prático do espírita*, de Ney Prieto Peres, Editora Pensamento, que oferece um roteiro completo para a transformação moral progressiva.

Optei por agrupá-los em blocos que expressam a similaridade entre eles e, em seguida, registro as virtudes que devem ser desenvolvidas para combatê-los.

Ao identificar determinado vício moral em si mesmo sugiro que se leia, em seguida, a virtude oposta a ele e, ao invés de tentar destruir o vício, dedique-se a conquistar essa virtude, desse modo, ele progressivamente perderá força e se extinguirá de forma natural.

Todas as virtudes aqui relatadas foram ensinadas e praticadas por Jesus.

Nunca é demais lembrar que o trabalho de autoconhecimento deve ser suave o suficiente para não martirizar quem deseje realizá-lo pelos defeitos que fatalmente encontrará em si. Tornar conscientes todas as manifestações impulsivas que nos dominam e que progressivamente desejamos controlar é o objetivo maior da reforma íntima.

7. Egoísmo, pai de todos os vícios. Caridade, mãe de todas as virtudes.

- **Egoísmo**

O pior dos vícios é o egoísmo, pois dele deriva todo o mal, (todos os outros vícios), pois é incompatível com a justiça, o amor e a caridade.

***O Livro dos Espíritos.* Questão 913**

Egoísmo é o hábito ou a atitude de uma pessoa colocar seus interesses, opiniões, desejos e necessidades em primeiro lugar, em detrimento (ou não) do ambiente e das demais pessoas com que se relaciona. Neste sentido, é o antônimo de altruísmo.

Os espíritos afirmam, na questão 915 de *O Livro dos Espíritos*, que *"É exato que no egoísmo tendes o vosso maior mal, porém ele se prende à inferioridade dos espíritos encarnados na Terra e não à Humanidade mesma"*. Em seguida, na questão 917 [...] *"É o contato que o homem experimenta com o egoísmo dos outros que o torna egoísta como defesa para sobreviver num mundo tão hostil. [...] Em face da atual preponderância do egoísmo é necessário um grande esforço para abdicar desse vício e renunciar a favor dos outros. Mas esse é o caminho para a implantação do reino dos céus nesse mundo"*. Fica claro por essas respostas dos espíritos que o egoísmo é uma característica natural do ser humano que se encontra em estado de atraso espiritual, quando ainda ignoram as leis de Deus, mas pode também ser um hábito adquirido, como um vício moral da pessoa em resposta ao contato com o egoísmo alheio.

Essa ideia dos espíritos é compatível com o ensino da psicologia que define como egocêntrica uma pessoa que pensa que o mundo gira em torno de si e se vê como prioridade no mundo em que vive. Afirma também que o egocentrismo é próprio da infância e deve diminuir com o amadurecimento do Eu, quando o indivíduo passa a ter uma atitude social e interativa. Deste modo, o egoísmo seria a recusa da pessoa em deixar essa fase infantil, uma luta por manter viva a fantasia do egocentrismo.

É um vício diretamente proporcional ao materialismo, como podemos depreender da opinião dos espíritos na questão 916 de *O Livro dos Espíritos*: *"A civilização excita e entretém o egoísmo e isso ocorrerá até o ponto em que o egoísmo produzirá tanto mal que a sociedade se convencerá da necessidade de extirpá-lo. Então o forte será o apoio do fraco e não mais se verão homens desprovidos do necessário, porque os homens viverão como irmãos, auxiliando-se reciprocamente".*

São exemplos de atitudes egoístas: Andar pelo acostamento numa estrada congestionada; parar em fila dupla atrapalhando o tráfego na frente da escola do seu filho; subornar funcionários para obter vantagens sobre os demais, tal como, ser atendido primeiro, quando se chegou depois; furar filas; começar a falar de seus problemas quando alguém lhe procura para desabafar; fazer o outro se sentir culpado quando não se submete à sua vontade - chantagear; desrespeitar regras coletivas; ser corrupto; tentar mudar as pessoas que vivem com você, impondo seu modo de agir e pensar sobre os outros, considerando-os rebeldes se não o obedecem.

- **Caridade**

A virtude oposta ao egoísmo é a caridade que poderia ser definida como um sentimento ou uma ação altruísta de ajuda a alguém sem busca de qualquer recompensa. A prática da caridade é notável indicador de elevação moral do ser humano e se revela na ajuda humanitária (beneficência), no amor ao próximo, na bondade; na benevolência para com todos (disposição de fazer o bem); na indulgência (compreensão e tolerância para com os erros alheios); no perdão (desculpa o erro por compreender a imperfeição humana); na compaixão (sentimento piedoso de simpatia para com a tragédia pessoal de outrem, acompanhado do desejo de minorá-la).

Pode-se perceber que a caridade é o amor em ação, que

busca saciar as necessidades materiais e espirituais das pessoas a sua volta, simplesmente por amor a elas.

O caridoso não se põe em primeiro lugar, tampouco em último, pois cuida dos outros sem esquecer-se de cuidar de si mesmo.

8. Filhos do orgulho: vaidade, personalismo, intolerância e impaciência.

- **Orgulho**

O orgulho vos induz a julgardes mais do que sois, a não aceitar uma comparação que vos possa rebaixar, e a vos considerardes, ao contrário, tão acima dos vossos irmãos, quer em espírito, quer em posição social, quer mesmo em vantagens pessoais, que o menor paralelo vos irrita e aborrece. E o que acontece, então? Entregai-vos à cólera.

Allan Kardec. *O Evangelho segundo o Espiritismo*. Capítulo IX. Bem-aventurados os brandos e pacíficos. A cólera.

O indivíduo orgulhoso contraria-se por pequenos motivos; explode diante da mínima crítica em relação ao seu comportamento; é dono da verdade; nunca está errado; menospreza as ideias dos outros; quer ser o centro das atenções e acha que todos os seus circundantes (familiares e amigos) devem girar em torno de si; usa da ironia e do deboche nas ocasiões de contendas e nunca pede perdão, porque acha que nunca errou.

Na maioria dos casos o orgulho é um mecanismo de defesa para compensar a sensação de ser ínfimo, escondendo, sob o manto da arrogância, o profundo complexo de inferioridade em que vive e respira.

- **Vaidade**

A vaidade deriva do orgulho e se expressa no desejo imoderado de chamar atenção, expressando-se na apresentação pessoal exuberante (no vestir, nos adornos usados, nos gestos afetados, no falar demasiado) e na exaltação de qualidades físicas ou intelectuais que possua, não poupando referências à própria pessoa, ou a algo que realiza.

O vaidoso não suporta pessoas de condição social inferior, não evitando a eles referências desairosas; cobiça cargos ou posições de destaque que acentuem as referências respeitosas ou elogiosas à sua pessoa; nunca reconhece sua própria culpabilidade nas situações de descontentamento diante de infortúnios por que passa, não aceitando suas possíveis falhas ou erros, culpando vagamente a sorte, a infelicidade imerecida, o azar.

No íntimo, o vaidoso sofre de grande insegurança e acentuada carência de afeto. Teme não ser amado pelo que é, muito provavelmente porque interpretou as críticas excessivas que recebeu na infância e adolescência como rejeição. Por isso vive um personagem que o mundo admira.

- **Personalismo (individualismo)**

O egoísmo se funda na importância da personalidade; ora, o espiritismo bem compreendido, repito-o, faz ver as coisas de tão alto, que o sentimento da personalidade desaparece de alguma forma perante a imensidão. Ao destruir essa importância, ou pelo menos ao fazer ver a personalidade naquilo que de fato ela é, ele combate necessariamente o egoísmo.

Allan Kardec - *O Livro dos Espíritos*. Q. 917.

Filho direto do orgulho e do egoísmo, encontra-se no personalismo a rigidez característica dos donos da verdade: ele está sempre certo; desconsidera as experiências do próximo; é autoritário e quer ser obedecido; quando suas ideias ou pareceres não são aceitos se afasta; melindra-se quando não convidado a participar das decisões do círculo que frequenta, ameaçando afastar-se de suas funções; irrita-se quando contrariado nos seus desejos ou ideias; num trabalho em equipe age como se pudesse dispensar a cooperação dos demais integrantes; é teimoso, birrento e rancoroso; na condição de subalterno, nega-se à colaboração de um plano ou projeto quando sua ideia ou parecer não é aceito numa escolha em grupo.

O personalismo impede o entendimento entre as criaturas, gerando lutas e separações e impedindo a cooperação.

- **Intolerância**

Ninguém sendo perfeito, segue-se que ninguém tem o direito de repreender o seu próximo? – Certamente que não, pois cada um deve trabalhar para o progresso da coletividade e, sobretudo, dos que estão sob sua tutela. Mas, por isso mesmo deve fazê-lo com moderação, para colimar um fim útil, e não, como as mais das vezes, pelo prazer de denegrir...

Allan Kardec - *O Evangelho segundo o Espiritismo* - capítulo X - Bem-aventurados os misericordiosos. Item 19.

O intolerante é severo para com o comportamento ou para com as obrigações dos outros, não admite falhas; não pede, ordena; perde facilmente o controle emocional e repreende com frequência; é rígido; dono da verdade, ríspido, trata mal àqueles com quem convive, sendo duro e radical;

não aceita erros; emite julgamentos de forma agressiva e depreciativa; evidencia preferencialmente os defeitos e não vê qualidades. Intolerância é, pois, sinônimo de intransigência.

E por que o ser humano é tão intolerante? Assim como no caso do orgulho e da vaidade percebe-se no intolerante o complexo de inferioridade e a tentativa de compensar esse sentimento de ser ínfimo através de atitudes de arrogância e superioridade. Quando mostra falha do outro e o coloca abaixo dos seus pés o intolerante tem a sensação de ser superior, ressaltando as supostas qualidades que acredita ter. Orgulho, vaidade e intolerância, quase sempre, são frutos de defesa psicológica como se estivessem numa gangorra, rebaixando o outro para poder elevar-se.

- **Impaciência**

Nervoso, apressado, inconformado, não aceita que seu desejo não tenha se realizado quando e como queria; precipitado, não espera a ocasião precisa; desespera-se diante das frustrações sofridas; ansioso quando precisa esperar por algo ou por alguém; teimoso, impertinente, apressado, quer tudo na hora; irrita-se por nada; tem os nervos à flor da pele; dificilmente compreende que nem tudo que deseja possuir está apto a receber, pois muito do que se deseja pode precipitá-lo a enormes quedas espirituais.

Às vezes, a vida nos faz esperar para quebrar a arrogância, o orgulho e o personalismo em nós, ao mesmo tempo em que desestimula o desapego às necessidades imediatas para que desenvolvamos maturidade espiritual.

A resignação é gerada pela fé na Divina Providência,

cujos desígnios são elaborados sempre em nosso favor, para melhor impulsionar a evolução nos caminhos por nós mesmos escolhidos, quando na espiritualidade.

Birra, na forma de abandono do posto de trabalho, chantagem emocional, desespero e revolta, assim como culpar os outros, não saber adiar a conquista de um prazer, não lidar com frustrações e querer que o mundo gire em torno de seus desejos e lhe atenda quando quer são sinais inequívocos dos vícios filhos do orgulho.

9. Filhos da humildade: modéstia, compreensão, abnegação, tolerância e paciência.

Qual a mais meritória de todas as virtudes? - Todas as virtudes têm o seu mérito, porque todas são indícios de progresso no caminho do bem. Há virtude sempre que há resistência voluntária ao arrastamento das más tendências; mas a sublimidade da virtude consiste no sacrifício do interesse pessoal para o bem do próximo, sem segunda intenção. A mais meritória é aquela que se baseia na caridade mais desinteressada.

Allan Kardec. *O Livro dos Espíritos* - Questão 893.

Depreende-se da questão acima que ao resistir às más tendências que possuímos encontramos o caminho da virtude. Portanto, embora não seja natural em nós, com um pouco de "resistência voluntária" conseguimos, pouco a pouco, desenvolver todas as virtudes cristãs que um dia serão vivenciadas de forma espontânea, sem que para isso nos custe grandes esforços, como agora.

Praticar o bem por nobreza de caráter, sem intenções ocultas, é o futuro da humanidade que escolhe Jesus como caminho, verdade e vida.

- **Humildade e modéstia**

O verdadeiro caráter da caridade é a modéstia e a humildade, e consiste em não se ver superficialmente os defeitos alheios, mas em se procurar salientar o que há de bom e virtuoso no próximo. Porque, se o coração humano é um abismo de corrupção, existem sempre, nos seus mais ocultos refolhos, os germes de alguns bons sentimentos, centelhas vivaz da essência espiritual.

Allan Kardec - *O Evangelho segundo o Espiritismo.*
Capítulo X. Bem-aventurados os misericordiosos.

Na humildade encontramos o verdadeiro caráter da caridade porque essa virtude nos coloca em situação de igualdade para com nossos irmãos em humanidade. O humilde jamais se posiciona acima dos outros, como um eterno professor diante de alunos medíocres, pelo contrário, está sempre aberto ao aprendizado, sempre crendo que precisa ouvir as ideias dos outros para se enriquecer e aprender cada vez mais. Essa virtude faz oposição direta ao orgulho, enquanto a modéstia se opõe à vaidade que prioriza TER ao invés de SER.

Os males deste mundo estão na razão das necessidades artificiais que criais para vós mesmos. Aquele que sabe limitar os seus desejos, e ver sem cobiça o que está fora das suas possibilidades, poupa-se a muitos aborrecimentos nesta vida. O mais rico é aquele que tem menos necessidades. Allan Kardec

***O Livro dos Espíritos* - Questão 926.**

Somente quem tem a consciência de que está nesse mundo, mas não pertence a ele, ou seja, quem entende que está de passagem pela vida material rumo à vida espiritual, consegue cultivar a simplicidade derivada dessas duas virtudes. Para transformar o orgulho e caminhar na direção da humildade precisamos guardar esses dois ensinamentos:

- Não somos superiores ou inferiores a ninguém, apenas diferentes, porque estamos em diferentes graus de evolução intelectual e moral, de acordo com nossa idade astral.
- Somos eternos aprendizes diante da vida, pois "o verdadeiro sábio é aquele que percebe que nada sabe".

O humilde respeita e considera opiniões, ideias e convicções dos outros, mesmo que contrariem suas certezas. Está sempre disposto a repensar suas próprias crenças, perdendo a rigidez e a inflexibilidade, enriquecendo-se com as experiências alheias. É compreensivo, pois procura entender as razões que justificam os comportamentos, sentimentos e pensamentos dos outros companheiros de jornada, de acordo com sua história de vida. Ouve as críticas tentando tirar delas algum proveito para seu aperfeiçoamento moral. Nunca menospreza quem quer que seja. Demonstra ser tolerante à medida que respeita e considera os outros no grau de evolução em que se encontram, sabendo que todos somos ainda seres inacabados, em processo de aperfeiçoamento. É simples no modo de falar e vestir e não quer ser o centro das atenções sendo, portanto, modesto.

A pessoa humilde quando está exercendo cargos subalternos respeita seus superiores e valoriza todas as oportunidades de exercer as funções mais modestas e desempenhar os afazeres mais singelos; quando em cargos de chefia lidera com amor e respeito, mas usa a energia, se necessário, entretanto, sem faltar com o respeito.

- **Compreensão e tolerância**

Quando lemos a definição da humildade supracitada percebemos que a compreensão e a tolerância fazem parte dessa virtude. Enquanto a compreensão procura entender as razões que levam um indivíduo a pensar, sentir e agir de determinada forma, considerando sua história de vida, a tolerância se prepara para respeitar e considerar as ideias e comportamentos desse indivíduo, mesmo que não aceite ou concorde com eles.

É importante entender que ser compreensivo e tolerante com erros não é ser conivente com eles, mas *"consiste em não se ver superficialmente os defeitos alheios, e sim em se procurar salientar o que há de bom e virtuoso no próximo"*. O indivíduo compreensivo e tolerante vê os defeitos e contribui para sua corrigenda, educadamente, exaltando também as qualidades que observa. Essa flexibilidade diante do comportamento alheio demonstra entendimento e respeito aos limites de cada um. A tolerância não impede o uso da energia que a autoridade de uma função exige, quando necessário. Mas jamais humilha o outro. Sempre *respeita* e *considera* o outro.

- **Paciência**

A paciência é também caridade e deveis praticar a lei da caridade ensinada pelo Cristo, enviado de Deus. A caridade que consiste na esmola dada aos pobres é a mais fácil de todas.

Outra há, porém, muito mais penosa e, como decorrência, muito mais meritória: a de perdoar aos que Deus situou em nosso caminho, para serem instrumentos do nosso sofrimento e para nos experimentarem a paciência.

Allan Kardec. *O Evangelho segundo o Espiritismo*
Capítulo IX. Bem-aventurados os brandos e pacíficos.

A paciência se mede principalmente diante dos "*que Deus situou em nosso caminho, para serem instrumentos do nosso sofrimento e para nos experimentarem a paciência*". Pessoas problemas, justamente aquelas que gostaríamos de ver bem longe de nós, são exatamente aquelas que Deus coloca em nosso caminho para que desenvolvamos essa preciosa virtude. Portanto, ser paciente quando tudo à nossa volta é calmaria é fácil. Difícil é manter a calma em meio ao tumulto que a vida nos propõe todos os dias.

Nenhuma das virtudes cristãs é passiva. Todas demonstram grande exercício de autodomínio, de resistência voluntária às tendências instintivas que trazemos em nós e resultam de tentativas continuadas para que sejam alcançadas. Com a paciência não poderia ser diferente.

Diante dos obstáculos da vida, naturalmente queremos transpô-los à força, contorná-los ou derrubá-los violentamente, quando não desistimos antes de tentar. A paciência é a virtude que faz o indivíduo lutar pelas mudanças necessárias, porém sem desespero, sem revolta e inconformação. Não há grosseria, irritação, não há tumulto, apenas uma calma contagiante própria de quem tem certeza que vai atingir seu objetivo, no tempo certo.

A paciência em nada se assemelha à rendição conformada. O indivíduo paciente sabe que não há atraso nem adiantamento nas coisas de Deus e que tudo acontece no tempo certo, por isso sabe esperar.

As pressões por metas, o trânsito caótico e o orçamento apertado contribuem para a ansiedade que gera irritação e intranquilidade e coloca toda a nossa resistência à prova. Portanto, sempre que se sentir ansioso, respire fundo e relaxe. Faça esse exercício toda vez que se sentir acelerado e lembre-se que estamos nesse mundo de passagem. Nada dura para sempre, nem o bom, nem o ruim, tudo é transitório e impermanente.

Pacifica seu coração diante da dor moral que realiza em você as melhores transformações, diante daqueles que são os instrumentos do seu sofrimento, assim como diante das dificuldades da vida que desenvolvem seus potenciais adormecidos.

Evite contendas silenciando os impulsos de revide e transforme sua raiva em palavras de defesa, educando os que convivem com você em clima de exasperação. Concilie discórdias entre familiares ou amigos nos mal entendidos comuns. Asserene quando em sua volta o mundo ameace desabar; lembre-se: respire fundo e relaxe para pensar melhor.

A vida é difícil bem o sei, constituindo-se de mil coisas mínimas que são como alfinetadas e acabam por nos ferir. Mas é necessário olhar para os deveres que nos são impostos, e para as consolações e compensações que obtemos, pois então veremos que as bênçãos são mais numerosas que as dores. O fardo parece menos pesado quando se olha para o alto do que quando se curva a fronte para a terra.

O Evangelho segundo o Espiritismo.

- **Abnegação**

A abnegação implica no sacrifício voluntário dos interesses pessoais em prol de uma causa ou de uma criatura a quem se ama. Por isso pessoas devotadas e abnegadas fazem o bem por impulso natural e espontâneo, sem esforço, logo, não se magoam com a ingratidão.

Filha direta da humildade, virtude de quem voluntariamente se rebaixa para que outros sejam exaltados, como exemplificou Jesus no momento em que lavou os pés dos apóstolos. A abnegação é a virtude oposta ao personalismo (individualismo). Enquanto a abnegação atua de forma anônima, o personalismo exige ser evidenciado, exaltado.

O personalista quer que seus desejos sejam satisfeitos, pensa somente em si e desconsidera o outro, enquanto o abnegado abre mão de suas vontades para satisfazer as necessidades do outro, procura o bem coletivo e abre mão até dos seus direitos, se for pelo bem comum. Sem dúvida alguma só consegue fazer isso quem tem muito amor pelo seu próximo e vê a vida do ponto de vista espiritual e não material.

Para o materialista, renunciar é covardia, fraqueza e perda, enquanto o espiritualista entende que renunciar é sinal de coragem, força e ganho. São os tesouros guardados no céu, onde nem a traça corrói, nem os ladrões roubam.

10. Inveja, ciúme e avareza: o bloco dos inseguros.

A inveja, o ciúme e a avareza têm dois pontos em comum: a insegurança gerada pela falta de autoestima e o desejo de posse.

Autoestima é o conjunto de valores que reconhecemos em nós mesmos, baseados numa autoavaliação que pode ser positiva ou negativa. Uma boa autoestima necessita de uma dose generosa de autoconfiança, autoaceitação, autorrespeito e autoamor.

Pessoas com baixa autoestima não confiam em si mesmas e não se aceitam. Muitas vezes esse complexo de inferioridade foi adquirido na infância, como consequência de culpa, rejeição, abandono, maus-tratos, críticas e humilhações frequentes, especialmente por comparações negativas por parte de pais e cuidadores.

Por não se amarem profundamente não creem que alguém as ame também. Desconfiam, são ciumentas e invejam o que os outros têm porque não creem que tenham capacidade de adquirir, por méritos próprios, o que o outro conseguiu conquistar. Tornam-se avarentos porque creem que serão respeitados e amados pelo que possuem e não pelo que são, pois se sentem ínfimos e indignos do amor de outrem.

- **Inveja**

Invejais os prazeres dos que vos parecem os felizes do mundo. Mas sabeis, por acaso, o que lhes está reservado? Se não gozam senão para si mesmos, são egoístas e terão de sofrer o reverso. Lamentai-os, antes de invejá-los! Deus às vezes permite que o mau prospere, mas essa felicidade não é para se invejar, porque a pagará com lágrimas amargas. Se o justo é infeliz é porque passa por uma prova que lhe será levada em conta, desde que a saiba suportar com coragem. Lembrai-vos das palavras de Jesus: "Bem-aventurados os que sofrem, porque serão consolados".

Allan Kardec. *O Livro dos Espíritos*. Questão 926.

A palavra inveja provém do latim 'invidia', que significa o desejo de obter algo que outra pessoa possui e você não, sejam bens materiais ou espirituais como inteligência, respeito social e amor. O invejoso sente verdadeiro pesar, tristeza, ódio pelo bem alheio.

Os psicoterapeutas dizem que a inveja é um fenômeno psicológico muito comum que causa grande sofrimento para quem a sente e para aquele que é alvo dela. Pode ser explícita e transparente ou oculta pelo manto da falsidade. A inveja gera uma frustração insuportável perante algum bem de outra pessoa, causando o desejo inconsciente de danificá-lo.

Quem sente inveja está sempre insatisfeito, frustrado, e guarda, de forma consciente ou não, rancor contra quem possui algo que ele também deseja, mas que não pode obter ou não se sente capaz de desenvolver. Sendo assim, pela dificuldade de perceber seus desejos e potenciais para alcançá-los, prefere destruir as pessoas que, como um espelho, lembre-o da sua privação. A inveja, na forma de crítica destrutiva, ofensa, agressão e difamação, nada mais é do que a raiva vingadora do impotente que elimina a concorrência por não se sentir capaz ou não querer lutar por seus anseios.

Denota apego aos bens transitórios do mundo em detrimento dos bens permanentes da alma, assim como insubordinação à lei da vida que dá a cada ser o que é necessário para seu processo de aprendizado terrestre.

- **Ciúme**

Inveja e ciúme! Felizes os que não conhecem esses dois vermes vorazes. Com a inveja e o ciúme não há calma, não há repouso possível. Para aquele que sofre desses males, os objetos da sua cobiça, do seu ódio, e do seu despeito se erguem diante dele como fantasmas que não o deixam em paz e o perseguem até no sono. O invejoso e o ciumento vivem num estado de febre contínua. É essa uma situação desejável? Não compreendeis que, com essas paixões, o homem cria para si mesmo suplícios voluntários, e que a Terra se transforma para ele num verdadeiro inferno?

Allan Kardec - *O Livro dos Espíritos* - Questão 933.

O apego doentio e o desejo de posse sobre objetos e pessoas expressam nossa condição, possessiva, dominadora, ambiciosa e egoísta.

O verdadeiro amor liberta, jamais aprisiona. O ciúme exige obediência, invade, oprime, restringe os passos, impõe condições. Não respeita a liberdade, não confia no outro, porque não confia em si mesmo, em sua capacidade de despertar amor no ser amado. Há fantasias constantes de traição, rejeição e abandono.

Carência e insegurança geram apego e desespero.

As experiências infantis de abandono afetivo, de separação dolorosa dos pais causada por traições conjugais, assim como fatores que marcaram o ser com o selo da baixa autoestima estão nas raízes do ciúme que, para ser vencido, necessita de longo processo psicoterapêutico.

- **Avareza**

Aquele que acumula sem cessar, e sem beneficiar ninguém, terá uma desculpa válida ao dizer que ajunta para deixar aos herdeiros? – É um compromisso com a consciência má."

Allan Kardec - *O Livro dos Espíritos* - Questão 900.

Rico dá do que te sobra; faze mais, dá um pouco do que te é necessário, porquanto o de que necessitas ainda é supérfluo, mas dá com sabedoria.

Allan Kardec - *O Evangelho segundo o Espiritismo* - Capítulo XVI - Não se pode servir a Deus e a Mamom[51].

Avareza, do latim, "avaritae", significa cobiça, ganância, desejo excessivo de possuir bens materiais e dinheiro. É doença da alma, nascida da inveja, do sadismo ou da falta de confiança em si mesmo, nos outros, em Deus e na vida. Leva a pessoa a tirar o que pode dos outros e a não dar nada a ninguém, assim como a impede de gozar a vida.

A avareza diz respeito ao apego específico ao dinheiro e aos objetos materiais que possuímos. O homem avaro é o egoísta que nega o auxílio pecuniário a quem lhe bate à porta, desprezando as oportunidades de servir, e até mesmo de ouvir quem lhe venha pedir socorro. O avarento não vive o dia de hoje. Projeta viver no futuro, negando a vida presente, negando o próprio ser. Vê as posses como um fim e não como um meio. Isola-se porque não confia em ninguém; todos que se aproximam dele o fazem por algum interesse.

Para o avarento as coisas são confiáveis quando não se movem ou se movem na direção do acúmulo. O diferente, o incerto, o imprevisível aterroriza o avarento. Por isso ele é autoritário e controlador e tende a ver o ser humano como homem-coisa e não como homem-pessoa, que é livre para pensar e agir e, portanto, imprevisível.

51. Mamom ou mâmom - riqueza, posse, bens materiais, dinheiro.

A avareza impõe a busca pela estabilidade com negação do fluxo, da circulação.

A avidez e a insaciabilidade estão na raiz da avareza, assim como forma a base de todas as compulsões.

11. Caminho para a libertação do sofrimento: generosidade, resignação e desapego.

- **Generosidade**

A beneficência, meus amigos vos dará nesse mundo os mais puros e suaves prazeres, as alegrias do coração, imperturbáveis pelo remorso e pela indiferença. Oh! Pudésseis compreender tudo o que de grande e agradável encerra a ***generosidade*** *das almas belas, esse sentimento que faz que se olhe os outros com o mesmo olhar voltado para si mesmo, e que nos faz despir os nossos corpos para jubilosamente vestir os outros.*

Allan Kardec - *O Evangelho segundo o Espiritismo* - capítulo XII. Que a mão esquerda não saiba o que faz a direita.

Indivíduo beneficente e bondoso que faz o bem por nobreza de caráter, sem esperar recompensas; desapegado dos bens materiais, tem alegria e satisfação em servir e fica feliz com o bem que proporciona a alguém. Assim é o homem generoso que caracteristicamente aplica a caridade com naturalidade, com espontaneidade.

Quem é generoso, não sente dificuldade em ser bom, não lhe é sacrificial. Pelo contrário, o faz por gosto e satisfação, não se cansa, não se irrita e não se perturba. O generoso, portanto, age com beneficência, com filantropia e com bondade.

- **Resignação**

Existem males que não dependem da maneira de agir e que ferem o homem mais justo. Não há algum meio de se preservar deles? – O atingido deve resignar-se e sofrer sem queixas, se deseja progredir. Entretanto, terá sempre uma consolação da sua própria consciência, que lhe dá a esperança de um futuro melhor, desde que faça o necessário para obtê-lo!

Allan Kardec - *O Livro dos Espíritos* - Questão 924.

A doutrina de Jesus ensina a obediência e a resignação, duas virtudes que são companheiras da doçura, muito ativas, embora os homens as confundam erroneamente com a negação do sentimento e da vontade. A obediência é o consentimento da razão; a resignação é o consentimento do coração.

Allan Kardec - *O Evangelho segundo o Espiritismo*. Capítulo IX. Bem-aventurados os brandos e os pacíficos.

A resignação é a virtude que faz com que nos submetamos à vontade de Deus, revelando confiança plena no Criador e tendo a certeza de que Ele nos ofertará o necessário para proporcionar nosso crescimento intelectual e moral, razão maior de estarmos vivendo nesse mundo.

A revolta diante da dor demonstra que ainda não entendemos o valor que representa o sofrimento no burilamento do nosso espírito, quebrando nossa arrogância e nosso orgulho. A resignação testemunha a nossa compreensão de que somos atingidos pelo sofrimento onde mais necessitamos de corrigenda. Quando assim não aplicamos a resignação, desperdiçamos o aproveitamento que a prova dolorosa nos oferece e prolongamos a experiência retificadora até que o consentimento do coração nos transforme.

- **Desapego**

Vosso apego aos bens terrenos é um dos maiores entraves ao vosso aprimoramento moral e espiritual. Com o apego à matéria aniquilais as vossas faculdades efetivas, voltando-as inteiramente para as coisas do mundo. Sede sinceros: a fortuna proporciona uma felicidade sem máculas? Quando os vossos cofres estão abarrotados, não há sempre um vazio em vossos corações? No fundo dessa cesta de flores, não há sempre um réptil oculto?

Allan Kardec - *O Evangelho segundo o Espiritismo*. Capítulo XVI. Não se pode servir a Deus e a Mamom.

A abnegação é a virtude que faz com que seu portador consiga abrir mão de seus interesses pessoais em prol de alguém ou de uma causa qualquer, por amor ao próximo, enquanto a renúncia implica no sacrifício voluntário até das próprias necessidades, além dos interesses pessoais, em prol de uma causa ou de uma criatura a quem se ama. Isso é bem diferente de anulação e subjugação, quando se abre mão do que se deseja ou necessita por medo e submissão. Essas virtudes são poderosos auxiliares no combate ao ciúme, à inveja e à avareza por que geram o desapego.

Desapegar-se significa deixar de se agarrar; envolve soltar e soltar-se, voltando-se para dentro de si mesmo, deixando de querer que tudo seja estático e render-se ao movimento, ao fluxo natural da vida! O desapego precisa de treino diário para ser integrado em nossa vida.

12. ÓDIO E DESEJO DE VINGANÇA: O INFERNO AQUI E AGORA!

- **Ódio**

Em suma, a cólera não exclui qualidades do coração; mas impede de fazer muito bem e pode levar à prática de muito mal. Isto deve ser suficiente para induzir o homem a esforçar-se para dominá-la. O espírita é concitado a isso ainda por outro motivo: o de que a cólera é contrária à caridade e à humildade cristãs.

Allan Kardec. *O Evangelho segundo o Espiritismo* - capítulo IX. Bem-aventurados os brandos e pacíficos.

É errado, pecado ou feio sentir ódio? Não, pois, segundo a psicologia, toda vez que enfrentamos uma situação que gera desprazer reagimos com ódio[52], assim como todas as vezes que sentimos prazer nosso cérebro cria uma reação derivada do afeto chamado amor. Logo, amor e ódio são afetos básicos, instintivos, em nós e nos animais, e não temos a possibilidade de controlar o instinto, mas podemos sentir o ódio e pensar sobre a situação que o gerou para escolher uma estratégia de defesa que nos posicione de forma a interromper o estímulo doloroso, abusivo, invasivo.

Observando a passagem do Evangelho acima podemos observar que *"a cólera não exclui qualidades do coração, mas impede de fazer muito bem e pode levar a prática de muito mal"*, logo, mesmo pessoas boas, cheias de *"qualidades do coração"* podem se encolerizar, mas é preciso cuidar para que essa cólera não chegue a *"levar à prática do mal"*. Portanto podemos sentir ódio, mas devemos evitar agir movidos pelo

52. Para melhor entendimento ver a 6ª semana do livro *Oito semanas para mudar sua vida* - Editora EME.

ódio. Não controlamos os sentimentos, mas as ações podem ser controladas, se assim desejarmos.

Com o tempo, dilatando cada vez mais nossa capacidade de amar, pensaremos diferente e, "*sob o Sol do Evangelho, os rebeldes e desesperados serão vistos como irmãos ensandecidos pela dor; a maldade e o crime significarão para nós apenas ignorância temporária das leis de amor que devem reger as nossas vidas; nossos perseguidores e detratores serão vistos como irmãos a serviço das trevas; os ingratos como pessoas que nos testam a capacidade de amar e persistir no bem, por amor ao Cristo*"[53].

Quando se sofre uma ofensa, invasão, dano ou prejuízo é natural se sentir inundado de raiva. Ao perceber isso acalme-se, respire, relaxe, saia do ambiente de contenda, caminhe, jogue uma água do rosto, enfim, "esfrie a cabeça"; pense e elabore uma boa resposta defensiva. Evite agir por impulso porque nos preparamos uma vida inteira e perdemos a oportunidade da existência vitoriosa em Cristo em apenas um minuto.

- **Vingança**

Vingar-se é, bem o sabeis, tão contrário àquela prescrição do Cristo: "Perdoai aos vossos inimigos", que aquele que se nega a perdoar não somente não é espírita, como também não é cristão. A vingança é uma inspiração tanto mais funesta quanto tem por companheiras assíduas a falsidade e a baixeza.

Allan Kardec - *O Evangelho segundo o Espiritismo*

Quando ofendidos sentimos uma profunda dor a qual

53. *Curso de educação mediúnica* - 1º ano - FEESP - autores diversos.

denomina-se mágoa. Essa dor permanece conosco pelo tempo necessário para que elaboremos nossa atitude defensiva que visa impedir a continuidade da agressão, ofensa, dano. Quando não elaboramos uma resposta à altura da ofensa sofrida arquivamos a mágoa e passamos a relembrar o fato doloroso ocorrido. A isso chamamos ressentimento. Com o tempo o ressentimento pode degenerar para verdadeiro ódio destrutivo, o rancor, que causa sérios danos psíquicos, espirituais e físicos em seu portador.

Cedo ou tarde, de forma consciente ou inconsciente, o rancoroso se vinga, de forma declarada ou disfarçada, através da maledicência, de crimes passionais em nome da honra, de intrigas, traições, etc., gerando necessidades de reparação dos erros em futuras existências.

13. Perdão e misericórdia: o céu, ainda hoje!

- **Piedade**

O sentimento que mais acelera o progresso, domando o egoísmo e o orgulho, dispondo a alma à fraternidade, à beneficência e ao amor do próximo, é a piedade; essa piedade que vos comove até as fibras mais íntimas, diante do sofrimento de vossos irmãos, que vos leva a estender-lhes a mão caridosa e arrancar lágrimas de simpatia.

Allan Kardec – *O Evangelho segundo o Espiritismo*. Capítulo XIII. Que a mão esquerda não saiba o que faz a direita.

Compaixão é o sentimento de pesar que os males alheios nos causam gerando uma vontade de ajudar o próximo. É o sentimento de simpatia ou de piedade para com o sofrimento alheio, associado à vontade ou ao desejo de auxiliar de alguma forma. Usado como sinônimo de piedade, comiseração e condolências, é exatamente o oposto da indiferença.

Diferente de dó, que transmite a ideia de que a pessoa está sendo vítima de uma injustiça da vida e que não tem recursos para o enfrentamento, a piedade sente a dor, enquanto a compaixão mobiliza o auxílio, mas acredita nos recursos do beneficiado para resolver seus conflitos existenciais, embora precise de um pouco de ajuda.

"A piedade é a virtude que mais vos aproxima das almas aprimoradas; é a irmã da caridade que vos conduz a Deus". (Id. Ibid.)

Os bons sentimentos se ampliam na medida em que nos despojamos dos interesses do ego, que busca a satisfação de todos os seus desejos, sem que perceba as necessidades ao seu redor.

O ponto máximo da piedade é quando conseguimos nutrir pelo ofensor a compaixão por sua ignorância em relação aos valores espirituais da vida, notadamente às leis de amor que devem nortear nossos passos.

Quando Jesus nos pede que amemos nossos inimigos, nos alerta sobre a importância de pagar o mal com o bem, no sentido de escolher viver dentro da lei do amor que deve ser sempre obedecida pelo cristão. Quando respondemos o mal com o mal permitimos que o outro determine nossa perdição espiritual, nos atrelamos a ele e perdemos temporariamente o foco de nossas vidas que deve ser o progresso espiritual.

Ao desenvolver a piedade e a compaixão diante da dor alheia, paulatinamente nos capacitamos à compaixão pelas almas enfermas que cruzam o nosso caminho e que perderam o endereço de Deus.

- **Misericórdia**

A misericórdia é o complemento da brandura, pois os que não são misericordiosos também não são mansos nem pacíficos. A misericórdia consiste no esquecimento e no perdão das ofensas.

Allan Kardec - *O Evangelho segundo o Espiritismo*. Capítulo X - Bem-aventurados os misericordiosos.

Pela imperfeição da nossa alma cometemos erros e necessitamos da misericórdia de Deus. Por isso Jesus nos pede, na oração do Pai Nosso, para orar ao Pai e pedir perdão pelas nossas ofensas, mas, sabiamente, o mestre atrela o perdão de Deus à nossa própria capacidade de perdoar aos que nos ofenderam, pois nos ensina a orar dizendo "Pai, perdoa nossas ofensas, *assim como* perdoamos os nossos ofensores". O que seria de nós se não recebêssemos os acréscimos da Misericórdia Divina?

Se Deus fosse justo a ponto de nos dar exatamente o que merecemos e não fosse bom a ponto de ter misericórdia para conosco; se avaliasse nossos atos pelas mesmas medidas com que julgamos os atos alheios, estaríamos inapelavelmente condenados. Se nós somos credores da misericórdia por que não estendemos o perdão àquele que errou conosco? Por que exigir perfeição dos outros se explicamos nossos erros e esperamos que as pessoas nos compreendam?

O que nos faz tão fracos e facilmente atingidos, senão a importância que nos damos, resultante do nosso orgulho, do imaginário valor que julgamos ter?

Contudo, a misericórdia deve ser inicialmente dirigida a nós mesmos. Precisamos acolher nossas fragilidades; é preciso ter piedade para conosco e compreender que nossos erros resultam de nossa ignorância, para, partindo disso, acolher aquele que errou conosco.

Para ser misericordioso é preciso munir-se de brandura, compreensão, tolerância e um profundo desejo de estabelecer a paz.

E o esquecimento das ofensas é o apanágio das almas elevadas, que pairam acima dos golpes que lhes queiram desferir. (...) Espíritas, não esqueçais nunca que, tanto por palavras como por atos, o perdão das injúrias não deve ser uma expressão vazia. Pois que dizeis espíritas, sede-o. Esquecei o mal que vos tenham feito e não penseis senão numa coisa: no bem que podeis fazer.

Allan Kardec - *O Evangelho segundo o Espiritismo*. Capítulo X - Bem-aventurados os misericordiosos.

Esquecer as ofensas não tem o sentido de apagar a falta ou a dor provocada pela ofensa, mas seguir em frente e não se deixar deter pelo mal, como se pode observar na frase: *"Esquecei o mal que vos tenham feito e não penseis senão numa coisa: no bem que podeis fazer"*.

Mesmo após ter sido alvejado pelo mal, prossegue, com o amor à frente, tendo Jesus como modelo de quem tudo suportou com coragem e fé: *"no mundo tereis aflições; tende bom ânimo, eu venci o mundo"*. Se o mestre tivesse detido seus passos para responder a cada ofensa recebida não teria concluído a obra da nossa redenção espiritual.

Mas, por que para nós parece tão difícil perdoar? Porque ainda enxergamos a vida do ponto de vista do materialismo. Para o materialista esse mundo é tudo. Poder, dinheiro, fama, cultura acadêmica, enfim, tudo o que nos dá prestígio social. Quando alguém nos ofende esbarra em nosso orgulho e a arrogância imediatamente pergunta: quem você pensa que é para fazer isso comigo? A vaidade e o personalismo instigam: você vai deixar passar? O que vão pensar de você? Que está com medo, que é um covarde ou que não se ama nem se respeita. Imediatamente o orgulho ferido decide: reação imediata, não de defesa pacífica, mas de revide à altura da ofensa.

Interessante lembrar que para evitar a crueldade da vingança, que era sempre maior do que a ofensa recebida, sabiamente Moisés estabelece a lei do "olho por olho, dente por dente", colocando limites à ira vingadora para que ela não fosse cruel.

Ao tempo de Jesus, perdoar não fazia parte da lei. Os judeus seguiam a lei mosaica e não permitiam, por uma questão de justiça, que a ofensa não recebesse uma resposta adequada que pudesse reprimir o mal.

O mestre por excelência acrescenta à justiça o aditivo do amor, suplicando compaixão pelas almas cativas no mal: perdoa, diz ele, não sete vezes, mas setenta vezes sete; perdoa sempre, segue adiante, não paralise seus passos, liberte-se do ódio que aprisiona, usando o antídoto do amor.

Perdoar é ainda um grande desafio para todos nós. Tudo é motivo para nos irritar: alguém que por descuido resvala em nós na rua já recebe advertência feroz; aquele que nos toma a frente na fila do ônibus é logo puxado para trás; alguns centavos a menos no troco recebido e está armada a discussão; um cumprimento menos atencioso de um vizinho nos irrita profundamente e é assunto para uma semana inteira. Até quando reagiremos assim?

"Quando a lei de amor e caridade se constituir em lei da Humanidade, deixará de existir o egoísmo; o fraco e o pacífico não serão mais explorados nem espezinhados pelo forte e o violento. Será esse o estado da Terra quando, segundo a lei do progresso e a promessa de Cristo, ela estiver transformada num mundo ditoso, pelo afastamento do mal"[54].

14. Maledicência e indulgência

Há culpa em se estudar os defeitos alheios? Se é com o fito de cultivá-los e divulgá-los, há muita culpa, porque isso é faltar com a caridade; se é com intenção de proveito pessoal, evitando-se aqueles defeitos, pode ser útil; mas não se deve esquecer que a indulgência para com os defeitos alheios é uma das virtudes compreendidas na caridade. Antes de censurardes as imperfeições dos outros, vede se não podem fazer o mesmo a vosso respeito. Tratai, pois, de possuir as qualidades contrárias aos defeitos que criticais nos outros, pois esse é um meio de vos tornardes superior. Se os censurais por serem avarentos, sede generosos; por serem orgulhosos, sede humildes e modestos; por serem duros, sede dóceis; por agirem com mesquinhez, sede grandes em todas as vossas ações; em uma palavra, fazei de maneira que não se vos possam aplicar aquelas palavras de Jesus: Vedes um argueiro no olho do vizinho, e não vedes uma trave no vosso!

Allan Kardec - *O Livro dos Espíritos*- Questão 903.

Quando observamos o comportamento das pessoas o julgamos conforme nossa capacidade de interpretá-lo. Por isso uma mesma situação é vista com lentes diferentes pelas diversas pessoas presentes, como se o meio onde vivemos funcionasse como um espelho onde se reflete nossa

54. Kardec, Allan - *O Evangelho segundo o Espiritismo* - capítulo X.

própria maneira de pensar. Nossa mente filtrará dos fatos e acontecimentos, iguais para todos, somente aquilo com que temos afinidade. Pessoas maliciosas, cuja mente está condicionada a enxergar o mal, podem interpretar uma ação como maldosa sem que ela o seja realmente.

Maledicência é o ato de falar mal, de fazer crítica mordaz, de interpretar de forma pejorativa, de fazer comentário malicioso; é o julgamento falso, a suspeita comprometedora, a denúncia caluniosa.

Sem dúvida alguma é preciso enxergar o mal para reprimi-lo e isso se torna um dever nos casos em que disso deve resultar um bem e sem esse procedimento o mal nunca seria combatido na sociedade. Mas isso não se aplica quando nossa intenção é desacreditar a pessoa cujos atos estamos criticando.

Quando trouxeram a Jesus uma mulher apanhada em adultério o mestre disse: "*Aquele que estiver sem pecado, atire-lhe a primeira pedra*". Nesse momento o Cristo demonstra que a indulgência para com os erros alheios é um dever, pois com a mesma severidade com que julgamos os outros seremos julgados, nem sempre por eles, mas pela nossa própria consciência e necessitaremos de perdão para nossos erros também, caso contrário, a culpa avassaladora destruirá nossa paz.

Em *O Evangelho segundo o Espiritismo*, no capítulo intitulado "Bem-aventurados os misericordiosos", está escrito que "*a indulgência jamais vê os defeitos alheios, ou, se os vê, evita falar deles e divulgá-los. Pelo contrário, ela os esconde, a fim de que não sejam conhecidos e, se a malevolência os descobre, sempre tem uma desculpa pronta para amenizá-los, ou seja, uma desculpa que atenua a falta.*"

Indulgência é sinônimo de clemência, misericórdia,

tolerância. A indulgência *"não faz observações ofensivas, não tem censura em seus lábios, mas apenas conselhos, muitas vezes velados (...). Quando abrireis os olhos somente para vós mesmos? (...) Deus, que conhece bem a causa de todos os atos,* às *vezes desculpa o que condenais".*

"Ainda que o coração humano seja um abismo de corrupção, sempre existe, em algumas de suas regiões mais ocultas, o gérmen de bons sentimentos, centelha viva da essência espiritual".

"Se considerarmos que ninguém é perfeito, significa que ninguém tem o direito de repreender o seu próximo? Certamente não, uma vez que cada um de vós deve trabalhar para o progresso de todos e principalmente para aqueles cuja proteção vos está confiada (caridade). *Mas isso é uma razão para o fazerdes com moderação, com um objetivo útil".*

"Será repreensível observar as imperfeições dos outros, quando disso não pode resultar nenhum proveito para eles, mesmo que não as divulguemos? (...) não é proibido ver o mal, quando o mal exista. O erro está em direcionar tal observação em prejuízo do próximo (...). Seria ainda condenável fazer isso apenas para satisfazer a nós mesmos com um sentimento de maldade e alegria, ao verificar o defeito dos outros, exceto se para estudá-lo e evitar fazer o que repreendemos nos outros".

Depreende-se de tudo o que foi dito acima que:

- Precisa enxergar o mal para reprimi-lo, assim como para proteger-se dele.
- Ao perceber o mal em algum companheiro de jornada terrestre deve-se olhar para si mesmo e procurar enxergar se tem o mesmo defeito que censura, para que possa corrigi-lo.
- Se tiver compromisso educacional com a pessoa que comete a falta, por exemplo, se for filho, irmão ou alguém sob

sua tutela espiritual, então, tem-se a obrigação moral de adverti-lo do erro, mas sempre de forma particular e respeitosa, jamais expondo publicamente suas mazelas morais.

- Se não conhece nem convive com essa pessoa e não tem intimidade alguma para adverti-la, corre-se o risco de ser rechaçada com grosseria, algo como "Quem é você para me dar lições de moral se nem lhe conheço?". Nesse caso, pode-se abster de advertir o faltoso e, se decidir corrigi-lo, fazê-lo com muito tato. Melhor seria mobilizar alguém que o ame, pois o amor dá autoridade moral a quem adverte.
- Finalmente, somente é permitida a divulgação pública do mal se a omissão desse fato causar prejuízo coletivo.

15. Tendências inatas[55]

Conhecereis a verdade e a verdade vos libertará.
João, 8:32

Vimos que a transformação moral é um processo contínuo de autoconhecimento de nossa intimidade espiritual e consiste na busca da superação de vícios físicos, tais como fumo, álcool, drogas, gula, abusos sexuais e de vícios morais, filhos direto do egoísmo.

Consiste na busca de uma vivência evangélica através da transformação do modo de pensar, sentir e agir, como Paulo escreve em sua carta à igreja de Éfeso: "*Renovai-vos pelo espírito no vosso modo de sentir*" (Efésios, 04:23).

Na questão 927 de *O Livro dos Espíritos* está dito que "*O homem é, na maioria das vezes, artífice de sua própria infelicidade.*

55. Texto adaptado do *Curso de reforma íntima* - aula 15 - FEESP e do livro *Manual prático do espírita* de Ney Pietro - Ed. Pensamento.

Praticando a lei de Deus ele pode poupar muitos males e gozar de uma felicidade tão grande quanto o comporta a sua existência em um plano grosseiro; A felicidade dos espíritos é sempre proporcional a sua elevação." (Questão 967 do referido livro). Portanto, depende de cada um abrandar os seus males e ser feliz.

Nossa vida constitui-se de uma contínua aquisição de hábitos que acabam por nos condicionar, moldando nossos pensamentos, sentimentos e atitudes, determinando assim nossa personalidade.

O dogma da reencarnação nos lembra de que somos espíritos milenares que carregam extensa bagagem espiritual. Muitos hábitos foram sedimentados em nós em vidas transatas e precisam de esforço consciente de superação.

Mas, por que superar hábitos perniciosos? Porque toda mente vibra de acordo com estímulos com os quais se identifica. Dessa forma geramos e exteriorizamos infinito potencial de forças mentais que atuam sobre mentes que se identifiquem conosco e delas recolhemos, ao mesmo tempo, o que lhes é característico. Nessa exteriorização de ondas psíquicas atingimos a terceiros e, sobretudo, impregnamos nosso próprio ser. Grande é nossa responsabilidade perante os outros e perante nós mesmos. Importa criar hábitos salutares que levem a fortalecer nossa postura interior, elevando-a, sublimando-a.

Como fazer isso?

Recorramos a célebre teoria de Pavlov: em uma de suas experiências com cães, apresentou-lhes um pedaço de carne, diante do qual os cães não segregavam saliva, senão quando a carne lhes fora colocada na boca. No entanto, depois de repetidas experiências, os animais acabaram por formar a mencionada secreção na boca, sempre que o alimento lhes fosse apresentado à vista ou ao olfato. A isso se chama reflexo condicionado ou adquirido, que seria a reação desencadeada pelo hábito.

Os reflexos condicionados ou adquiridos são aqueles que não surgem espontaneamente, mas são conquistados pelo psiquismo no curso da existência. Percebemos, assim, que no caso do ser humano, por exemplo, o alimentar-se e beber água é um reflexo congênito, ou seja, ninguém precisa ensinar o homem a comer ou a beber, porém preferir comer doces e beber cerveja é um hábito adquirido. É assim, igualmente, que nossas necessidades naturais, como alimentar-se e fazer sexo, por exemplo, podem tornar-se condicionamentos, gerando os chamados vícios. O que são os vícios senão nossos reflexos congênitos condicionados ao apego, gerados ou associados a situações repetidas do passado? O que são nossas fixações mentais senão condicionamentos psíquico-emocionais? E a quantas situações não condicionamos nossa forma de ser no dia a dia? "*Todo homem que se entrega ao pecado*[56] *é seu escravo.*" (João, 8:34).

É importante, portanto, atentarmos conscientemente, racionalmente, a que tipo de hábitos mentais ou condicionamentos estamos cedendo e a que estímulos estamos aderindo, pois na verdade, todo condicionamento é gerado por agentes de indução:

"Uma conversação, uma leitura, a contemplação de um quadro, a ideia voltada para certo assunto, um espetáculo artístico, uma visita efetuada ou recebida, um conselho ou uma opinião representam agentes de indução, que variam segundo a natureza que lhes é característica, com resultados tanto

56. Pecado no sentido de todas as práticas que nos afastam da lei do amor, portanto, de Deus. NA.

mais amplos quanto maior se nos faça a fixação mental ao redor deles"[57].

Diante disso, fica evidente a necessidade de empregarmos o livre-arbítrio que caracteriza nossa natureza espiritual, não somente no sentido de sermos livres para escolher, mas para discernir entre o que é bom ou ruim para nossa evolução, o que nos liberta ou escraviza. É importante descondicionar nosso psiquismo, superando maus hábitos, tendências e viciações através de uma vivência de ordem superior, ou seja, impregnar nosso ser com hábitos e comportamentos salutares, gerados por estímulos superiores tais como, conversas edificantes, a reflexão e a leitura de bons livros, cultivar bons pensamentos, orar, trabalhar em obras caritativas, assistir a bons filmes. Tudo isso nos liga psiquicamente aos bons espíritos que vão nos inspirar para a elevação e o progresso.

Kardec dizia que *"fora da caridade não há salvação"* ou seja, fora do amor estamos distantes de Deus. Através do trabalho a benefício do próximo somos induzidos, pelo próprio exercício do amor, à automatização do bem proceder. Do mesmo modo como os hábitos nocivos nos induzem a reflexos condicionados, o contínuo modelar de nossas atitudes no bem gera, com o tempo, comportamentos elevados de forma natural e espontânea, sem maiores esforços. Reagimos evangelicamente porque já automatizamos hábitos salutares, resultantes de nossas construções íntimas, elaboradas conscientemente.

A caridade é a melhor forma de educar nosso íntimo, livrando-o das amarras forjadas pelo nosso próprio psi-

57. Livro *Mecanismos da mediunidade*- André Luiz - Francisco Cândido Xavier - FEB.

quismo. Renova-se a nossa existência pelo bom ânimo da consciência feliz e pela alegria interior do exercício do amor. Passamos a canalizar energias interiores, que por vezes eram desperdiçadas nos viciamentos e condicionamentos da imaginação doentia. O hábito, o treinamento da benevolência, do desejo sincero do bem, da doçura, são virtudes que só adquiriremos no próprio exercício das mesmas. É assim que, descondicionar o espírito consiste em vivenciar o bem, não por obrigação ou submissão, mas espontaneamente. E a espontaneidade só se dá a partir da regularidade com que nos dedicamos ao bem. É assim que o trabalho de reforma íntima só será efetivo quando gerado pela aplicação constante da caridade, pois só o amor, dinamizado pela razão pode nos descondicionar do mal.

As tendências instintivas do homem sendo uma reminiscência do seu passado, conclui-se que, pelo estado desta tendência, ele poderá conhecer as faltas que cometeu? – Sem dúvida, até certo ponto, mas é necessário ter em conta a melhora que se possa ter operado no espírito e as resoluções que ele tomou no seu estado errante[58]*. A existência atual pode ser muito melhor que a precedente.*

Allan Kardec. *O Livro dos Espíritos*. Questão 398.

Sendo as vicissitudes da vida corpórea, ao mesmo tempo, uma expiação das faltas passadas e provas para o futuro, segue-se que, da natureza dessas vicissitudes, possa induzir-se o gênero da existência anterior? – Muito frequentemente, pois cada um é punido naquilo em que pecou. Entretanto, não se deve tirar disso uma regra absoluta; as

58. O espiritismo denomina estado errante o intervalo entre uma encarnação e outra.

tendências instintivas são um índice mais seguro, porque as provas que um espírito sofre tanto se referem ao futuro quanto ao passado.

Allan Kardec - *O Livro dos Espíritos*. Questão 399.

Há um grande acervo de experiências gravadas em nosso espírito através das múltiplas reencarnações passadas e que ficam arquivadas na mente. Considerando-se a mente como se fosse um HD de computador (seu disco rígido onde as informações são gravadas), a título de exemplo, nela registram-se as impressões criadas nas experiências vividas em todas as épocas, de forma semelhante às trilhas magnéticas do HD. Essas memórias das vidas sucessivas permanecem arquivadas no inconsciente.

Usando ainda uma analogia com a tecnologia do presente, quando queremos encontrar um arquivo em nosso computador, basta que digitemos o nome do arquivo ou frases nele contidas e o computador inicia uma busca ativa em suas memórias oferecendo-nos os múltiplos textos, imagens e sons evocados pela frase que digitamos. Da mesma forma, quando revivemos na atual encarnação situações semelhantes àquelas vividas em outras existências nossa mente busca no arquivo de nossas memórias as reações já condicionadas, ou seja, sobejamente repetidas em outras ocasiões. Se nessa encarnação abastecemos nossa memória com o conhecimento das leis morais da vida e as virtudes cristãs, diante do novo desafio, que nada mais é do que a reapresentação de situações vividas em outras existências, nas quais falimos, a mente oferece o antigo e o novo comportamento e assim podemos escolher renovar atitudes de forma continuada.

Interessante compreender que os conhecimentos adquiridos sobre as leis divinas atuam promovendo correções nos arquivos doentios arquivados que permanecem em agitação, enquanto não forem corrigidos e que são causas de ansiedades, culpas, tristezas sem causa aparente. A mente guarda e acumula, superpondo no tempo os indeléveis registros carentes de renovação, esperando esforço consciente de todos nós.

Aqueles pontos em desequilíbrio na mente passam a comprometer o fluxo das energias do espírito em direção ao corpo físico, criando tensões e bloqueios energéticos no corpo espiritual e posteriormente no corpo biológico, manifestando-se na forma de enfermidades físicas e mentais.

Para o espírito encarnado, condicionado ao novo equipamento orgânico e à atual programação reencarnatória, a lembrança daquelas experiências desagradáveis ficou momentaneamente submersa, e ele não se recorda, portanto, das ocorrências propriamente, mas elas agem, pois são de sua propriedade e foi a sua própria consciência que as registrou para voluntária ou compulsoriamente corrigi-las. Formam elas o processo e os conteúdos do nosso inconsciente e as suas manifestações acontecem de forma velada para o nosso consciente. Representam, assim, as reminiscências que se caracterizam pelas tendências instintivas que trazemos.

Essas tendências estão ligadas à nossa história evolutiva e podem se manifestar a qualquer instante. Sofrerão certamente nova provocação por impositivo da lei de evolução e progresso para que se tornem conscientes e que desse modo possamos nos corrigir e melhorar.

O APRENDIZ

Parte III

Noções elementares sobre passes

Introdução a noções sobre fluidos[59]

Vivemos em um universo constituído de raios e ondas no qual a matéria é formada de pequenas partículas, os **átomos**, que ao se movimentarem numa velocidade tão intensa parecem estar em muitos lugares ao mesmo tempo, dando aos nossos sentidos a impressão de continuidade da matéria. Para melhor entender o que se quer dizer com isso observe as três pás de um ventilador desligado, quando, então, se podem percebê-las claramente. Quando ligado, temos a impressão de continuidade como se fosse uma única pá que se move.

A doutrina espírita denomina FLUIDO CÓSMICO UNIVERSAL (FCU) à *"matéria elementar primitiva da qual as modificações e transformações constituem a inumerável variedade de corpos da natureza"*[60]. Essa energia cósmica, força nervosa do Criador[61], que preenche o aparente vazio do espaço infinito, dá origem ao corpo físico e espiritual (perispírito). Como vimos no tópico a respeito do perispírito,

59. Fonte principal - livro *O passe* - Jacob Mello. Editora FEB.

60. Questão 30 de *O Livro dos Espíritos*.

61. *Evolução em dois mundos* - André Luiz e Francisco Cândido Xavier - FEB.

nesse corpo o FCU o grau de condensação fluídica é menor que no corpo físico, por isso se diz que é semimaterial ou de matéria sutilizada, quintessenciada.

Os fluidos estão sujeitos à impulsão da mente do espírito, quer encarnado ou desencarnado; o pensamento e as emoções dão-lhes uma determinada estrutura de maior ou menor densidade, conforme a pureza ou harmonia com que são emitidos. Quanto mais elevados são os pensamentos e as emoções, mais harmônicos, agradáveis, luminosos e saudáveis **são os fluidos**. Quanto mais inferiores, mais desarmônicos, desagradáveis e doentios.

Através dos pensamentos, constantemente irradiamos e impregnamos com nosso fluido particular as coisas, o ambiente e os objetos, assim como influimos sobre as pessoas que aceitam e assimilam nossa energia mental.

O gráfico abaixo resume os elementos gerais do Universo: Deus - o Criador, espírito e matéria - suas criações.

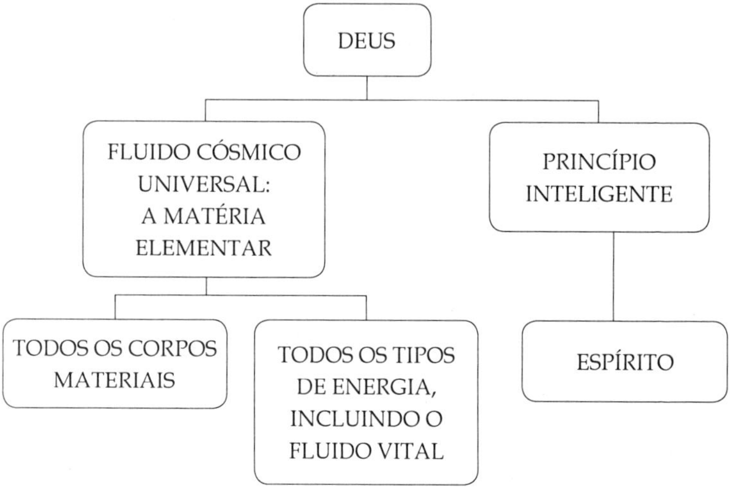

1. Jesus e o passe

E rogava-lhe muito, dizendo: Minha filha está moribunda; rogo-te que venhas e lhe ***imponhas as mãos***[62] *para que sare e viva.*

Marcos, 5:23

Como podemos observar, Jesus impunha as mãos sobre os enfermos e transmitia-lhes os bens da saúde. Os apóstolos, sob a orientação do amor do mestre, passaram a impor as mãos fraternas em nome do Senhor e tornavam-se instrumentos da divina misericórdia. Os passes, como transfusões de energias psíquicas, fluem dos mensageiros do Cristo para os doadores e beneficiários, representando a continuidade do esforço do mestre para atenuar os sofrimentos do mundo.

2. O que é passe?

É a transfusão de energias psíquicas, ou bioenergia, do corpo espiritual do doador para o corpo espiritual do receptor.

3. O passe transmitido em roupas do paciente é eficiente?

Se a transferência de energias ocorre de perispírito a perispírito, o passe em roupas ou objetos pessoais de pacientes com o objetivo de tratá-los não tem eficiência terapêutica. Contudo, algumas pessoas observam resultados positivos em seus entes queridos depois que usaram de-

62. Grifos meus - NA.

terminada blusa que foi levada ao centro para que um médium curador impusesse as mãos sobre a roupa e a "benzesse". Como, pois, se explicam resultados como esses? Vários fatores podem ser considerados:

- Ao usar uma roupa "benzida" o paciente crê nos poderes curativos de tal prática, que funciona como um indutor mental de cura, ou seja, devido à fé, sua mente coloca suas próprias energias em movimento para curá-lo.
- Quando um indivíduo busca auxílio para seu ente querido obtém a intercessão dos bons espíritos, que partem em direção ao necessitado para socorrê-lo levando consigo as energias curativas dos médiuns do centro para transfundi-las no doente.

Não se deve estimular tal prática que favorece o comodismo, pois a cura duradoura depende de mudanças de hábitos, pensamentos e sentimentos perniciosos para que seja sustentada e não alívio temporário. Portanto, se alguém levar roupas ou objetos pessoais de pacientes para que o médium curador a fluidifique o ideal é orientar a pessoa para que traga uma garrafa de água para ser fluidificada para o paciente ou orientar sobre a possibilidade da irradiação de energias à distância, que serão explicadas a seguir.

4. Posso receber passes à distância sem ir ao centro?

Sim, através da irradiação de fluidos ou passe à distância, que se realiza pensando na pessoa a quem se quer auxiliar, envolvendo-a em preces, enquanto os amigos espirituais se encarregam de levar a ela os fluidos curativos. Se o paciente estiver em sintonia mental com o passista, no momento da transmissão do passe, a canalização da energia diretamente de um para outro promove resultados muito melhores. Desse modo, é bom que o doente saiba o horário do passe para entrar em preces, desejando receber os fluidos doados. Se ele não puder orar, peça que um parente esteja ao seu lado e faça a oração em favor do paciente.

Portanto, se você vai buscar ajuda para um enfermo que não possa se deslocar até o centro, entre na câmara de passes e, ao receber os fluidos do médium curador, irradie-os para o doente distante, bastando para isso desejar firmemente que os fluidos curativos o atinjam.

Ao final de toda reunião espírita é comum fazerem-se vibrações coletivas, não as direcionando especificamente para esse ou aquele doente, mas para toda a humanidade ou para grupos específicos, tais como: encarcerados, suicidas, doentes mentais, mães, crianças e idosos, etc. Nessas ocasiões, os mentores espirituais coletam as energias doadas pelos participantes em prece e as direcionam para todos os necessitados de auxílio, onde quer que estejam.

5. Como se fluidifica a água?

A água se impregna de fluidos e permanece nesse estado após anos, pois não está sujeita às oscilações morais que o ser humano tem. Ela guarda em suas moléculas os fluidos espirituais.

Para se fluidificar a água basta:

- Um recipiente com água limpa - não importa a temperatura da água ou o tipo de recipiente, pois os fluidos penetram em qualquer objeto, não existindo para eles barreiras materiais, por isso o recipiente pode permanecer aberto ou fechado durante a fluidificação.
- Se o médium for fluidificar a água deve impor as mãos sobre o recipiente e fazer uma prece pedindo a Deus que a água receba os fluidos que a pessoa necessita para se curar.
- Caso deseje que a fluidificação seja feita pelos espíritos, a prece fervorosa é suficiente, sem a imposição de mãos sobre o recipiente.

Para que o paciente dê continuidade ao tratamento fluídico nos dias em que o centro estiver fechado, deve-se incentivá-lo a levar uma garrafa de água para ser fluidificada na câmara de passes. Ele deve ingerir uma pequena porção dessa água todos os dias, enquanto durar seu tratamento espiritual.

A fluidificação da água pode ser feita de modo geral (em benefício de todos) ou em caráter particular (para determinado enfermo) e, nesse caso, é conveniente que seu uso seja pessoal e exclusivo.

6. Qual o objetivo do passe?

- Em relação ao paciente, o passe visa auxiliar na cura de males físicos e espirituais.
- Em relação ao médium, o passe funciona como oportunidade de exercer a caridade cristã e através dela, torná-lo um ser humano melhor, estimulando sua evolução espiritual.

- Em relação ao centro espírita, o passe transforma a casa espírita num pronto-socorro espiritual para encarnados e desencarnados.

7. DEVO TOMAR PASSE TODA VEZ QUE VOU AO CENTRO?

Não, assim como você não toma remédios se não estiver enfermo, não precisa tomar passes e água fluida toda vez que for ao centro. Mas é importante buscar o passe quando se sentir esgotado física e mentalmente; quando tiver dificuldade de fazer uma prece, de concentrar-se numa boa leitura, de voltar sua atenção para coisas sérias e nobres e quando ideias obsessivas se assenhorearem dos seus pensamentos com frequência e obstinação e, por mais que se esforce, não consegue se livrar delas[63].

Nunca se esqueça de que o passe é um coadjuvante do tratamento, mas uma reforma moral profunda é necessária para que se mantenha o equilíbrio, aliado ao trabalho a favor de si e dos outros (caridade). É necessário ter fé, vontade firme e merecimento para que a cura se processe.

8. PODE-SE APLICAR O PASSE EM SI MESMO?

Sim. Aliás, há vários tipos de passe: o magnético, com energias somente do médium, o espiritual, aplicado pelos espíritos diretamente no enfermo, sem o concurso direto

63. Pensamentos obsessivos e perturbadores podem significar influência espiritual, mas também ansiedade intensa e transtorno obsessivo-compulsivo (TOC). Se o tratamento espiritual não resolver, deve-se procurar um psicólogo ou psiquiatra.

de um médium curador e o misto, magnético-espiritual, que comumente ocorre na casa espírita.

Para aplicar passes em si mesmo experimente, quando estiver enfermo, deitar-se de forma tranquila, colocar uma música relaxante e imaginar-se numa paisagem que lhe induza à paz: uma praia deserta, uma cachoeira, um rio de águas tranquilas ou um campo coberto de flores, por exemplo; faça uma prece solicitando a cura de sua enfermidade. Se preferir, para facilitar sua concentração no objetivo de curar-se, deixe uma mão espalmada para cima, simbolizando que você deseja captar as energias cósmicas para fortalecer sua saúde e posicione a outra mão sobre o órgão enfermo, dirigindo os fluidos curativos para ele, desejando firmemente a cura. Faça isso por alguns dias consecutivos e você observará a melhora. Saiba que ao fazer a prece evocam-se bons espíritos que auxiliam no processo de autopasse, conferindo propriedades terapêuticas aos fluidos magnéticos.

É interessante lembrar que, embora os espíritos possam curar os doentes agindo sozinhos, preferem utilizar os médiuns porque eles possuem fluido vital, uma das modificações do fluido cósmico universal, produzido no citoplasma celular, razão pela qual essa energia é também conhecida com o nome de ectoplasma.

Embora a retirada da energia vital do medianeiro possa ocorrer até sem o conhecimento deste, os espíritos preferem convocar os médiuns para o trabalho de passes para dar-lhes a oportunidade de exercer a caridade e desenvolver neles o hábito de ajudar ao próximo e assim favorecer sua evolução espiritual.

9. O passe aplicado com o médium "incorporado" pelo "guia[64]" é mais forte?

Não. O passista não precisa transmitir passes estando "incorporado" pelo seu "guia", pois a participação do espírito deve se limitar a derramar seus próprios fluidos no médium, misturando-os ao fluido vital do passista para transmitir-lhes propriedades curativas. É também papel do espírito direcionar as energias aos órgãos doentes do paciente e para isso a incorporação não é necessária.

Também não há necessidade do médium receber passes depois de aplicar passes, pois ele é o canal das energias puras que passarão por ele para depois atingir o paciente. Logo, ele é o primeiro beneficiário do passe. Se não se sentir bem não deve aplicar passes nesse dia, mas sim, recebê-lo. Aliás, não há qualquer necessidade de rituais para o passe: pés descalços, roupas brancas, mãos dadas, alternância de sexos ou toque de dedos de um passista ao outro para se formar uma corrente vibratória, pois a corrente é formada pela emanação fluídica dos pensamentos dos médiuns elevados em prece e com o firme desejo de ajudar. Também não há necessidade de tocar o paciente, pois o passe é uma transfusão de energias de perispírito a perispírito, não de corpo a corpo.

---

64. Coloquei aspas em incorporado porque o prefixo *in* quer dizer dentro; logo, incorporado significaria que o espírito está dentro do corpo do médium o que não acontece. Guia também foi colocado entre aspas porque em matéria de mediunidade há parceria entre médium e espírito. Ser guiado ou dirigido por um espírito contraria um dos princípios doutrinários que é o livre-arbítrio.

10. Alguns médiuns impõem as mãos sobre a cabeça do paciente e outros movimentam as mãos ao longo do corpo. Qual dessas técnicas é melhor?

Antes de quaisquer preocupações a respeito das formas de aplicação do passe, convém lembrar que o passista deve, antes de tudo, preparar-se convenientemente através da elevação espiritual. Deve encarar a transmissão do passe como um ato eminentemente fraternal, doando o que de melhor tenha em sentimentos e vibrações. A transmissão do passe se faz pela vontade, que dirige os fluidos para atingir os fins desejados. Daí concluir-se que antes de quaisquer posições, movimentos ou aparatos exteriores, a disposição mental de quem aplica e de quem recebe o passe é mais importante.

Em diversos livros espíritas encontra-se o relato de inúmeras técnicas de aplicação do passe. Porém, na casa espírita os passes são sempre mistos, ou seja, há associação entre as energias do médium e dos espíritos especializados nessa atividade e são eles que dão as qualidades necessárias aos fluidos e os direcionam para o local doente. Por esse motivo, o médium curador e o doente não devem se preocupar com a técnica de aplicação do passe, mas com seu preparo espiritual e com sua reforma moral. Ao médium, basta impor as mãos como Jesus fazia e elevar o pensamento em prece, solicitando o concurso divino para o alívio do sofrimento daquele que se entrega humildemente às suas "mãos de luz".

André Luiz, no livro *Conduta espírita*, através da psicografia de Chico Xavier adverte: *"Na aplicação de passes, não se faz precisa a gesticulação violenta, a respiração ofegante ou o bocejo contínuo, e quase nunca há necessidade de tocar o paciente. A transmissão do passe dispensa qualquer recurso espetacular".*

Interessante também lembrar que é dispensável o fato do paciente ter que ficar com mãos para cima, pois não é pelas mãos que entram os fluidos e sim pelo centro coronário.

Interessante lembrar que o médium deve fazer uma dispersão fluídica, através de uma ordem mental vigorosa, que promova a retirada dos maus fluidos, e, posteriormente, deve infundir os fluidos salutares do passe, porque geralmente quem busca o passe está em desequilíbrio energético, com seu perispírito contaminado por fluidos impuros.

11. Qualquer pessoa pode transmitir passes?

Teoricamente qualquer pessoa pode magnetizar transmitindo fluidos vitais, pois todos os seres orgânicos contêm fluido vital. Depois de produzido, esse ectoplasma circula na parte do corpo espiritual que se liga diretamente ao corpo físico, chamado de duplo etéreo[65]. Durante o passe esse fluido recebe a influência dos pensamentos amorosos do passista e dos espíritos, que o modificam e lhe prestam qualidades terapêuticas. Por esse motivo é importante que o médium curador adote hábitos salutares de vida para contar com boa saúde, eliminando vícios, vigiando emoções e sentimentos, aplicando-se ao estudo, à meditação e à prece, cultivando intenções nobres, trabalhando pelo seu aperfeiçoamento moral para que possa ser instrumento

---

65. O corpo espiritual é dividido de forma didática em três partes: corpo mental (envolve a alma propriamente dita); perispírito onde estão os chakras (questão 12) e duplo etéreo, reservatório do fluido vital.

útil no amparo às necessidades humanas. Vontade firme, fé inabalável, conduta inobjetável, costumes moderados e, principalmente, estar sempre disposto a sacrificar-se por seus semelhantes, são as metas a serem atingidas, mas como somos ainda espíritos atrasados, amor e boa vontade são suficientes para começar.

Deduz-se, portanto, que qualquer pessoa pode transferir energia vital para um doente, mas somente será um bom magnetizador, passista ou curador se modificar pensamentos, sentimentos e atitudes, cultivando hábitos de vida saudáveis para que seus fluidos possam efetivamente curar ao invés de adoecer.

Não há um limite de idade para se transmitir passes. Desde que se sinta em condições físicas e morais para exercer tal atividade, a idade não é nenhum empecilho. Crianças, por estarem em fase de crescimento, necessitam receber fluidos e por isso não poderão ser passistas. Além disso, assim como os adolescentes, ainda não têm maturidade para lidar com a responsabilidade que uma mediunidade curadora impõe ao seu portador.

No que diz respeito à mulher, o período menstrual não é um empecilho desde que a mulher não se sinta fatigada por sangramento abusivo ou que esteja com fortes cólicas que lhe dificultem a concentração e a prece. Na gravidez, a mulher está processando a materialização do corpo do espírito reencarnante, por isso a gestante precisa receber passes que lhe forneçam energias vitais revigorantes, auxiliando-a nesse processo onde as energias do corpo espiritual da alma que retorna ao plano físico são também renovadas. Desse modo é bom que a gestante tome passes e não os transmita.

12. O QUE SÃO CENTROS DE FORÇA, CENTROS VITAIS OU CHAKRAS[66]?

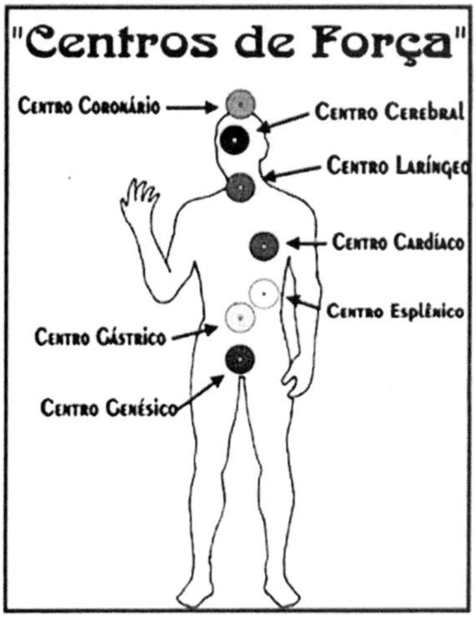

No perispírito, corpo espiritual ou envoltório fluídico da alma, existem discos energéticos, também conhecidos como CHAKRAS, que funcionam como estações que controlam as correntes de energias que vêm do espírito para o corpo físico e deste para o espírito. Esses chakras se ligam aos plexos nervosos[67] que comandam os órgãos do corpo físico e são regidos diretamente pela mente, criando no corpo físico um campo eletromagnético. Os deslizes de ordem moral geram condensação de fluidos maléficos que, gravitando nesse campo eletromagnético, geram disfunções e doenças, porque influenciam negativamente a função dos órgãos, através de sua ação sobre os plexos nervosos que gerenciam suas funções.

66. CHAKRAS - palavra que em sânscrito quer dizer roda.

67. Plexos nervosos são conjuntos de nervos que comandam os sistemas e órgãos do corpo.

São em número de sete os principais chakras:

- **Centro coronário:** Localizado no alto da cabeça, se liga ao corpo físico através da glândula pineal. Recebe os estímulos diretamente da alma e comanda os demais chakras. Dele emanam as energias de sustentação do sistema nervoso e suas subdivisões. Alimenta as células cerebrais, provê a energia eletromagnética de sustentação da atividade orgânica. É o grande assimilador das energias solares, dos raios cósmicos e das irradiações da espiritualidade superior. Os estímulos espirituais atingem primeiro o centro coronário, que depois os distribui para os outros centros e estes, para os órgãos do corpo físico. É assim que os nossos sentimentos, ideias e ações se expressam em nosso corpo espiritual e, posteriormente, no corpo físico.
- **Centro cerebral**: Localizado na fronte, liga-se ao lobo frontal e ao plexo carotídeo do cérebro físico; coordena as percepções - visão, audição, tato, olfato, paladar; responsável pela palavra, cultura, arte, saber; controla as glândulas endócrinas, como a hipófise, e todo o sistema nervoso.
- **Centro laríngeo**: Localizado na garganta, ligado ao plexo laríngeo no corpo físico, comanda a voz, o timo, a tireoide, as paratireoides e todo o aparelho respiratório.
- **Centro cardíaco:** Localizado no tórax, liga-se ao plexo cardíaco. Responsabiliza-se por toda a energia proveniente das emoções e regula o sistema circulatório, inclusive a pressão arterial e o funcionamento do coração.
- **Centro esplênico:** Localiza-se no abdome, na região do baço; cuida da distribuição e circulação adequada dos recursos vitais e das células sanguíneas (regula o volume sanguíneo) além de regular a distribuição das células de

defesa do organismo (células imunológicas). Liga-se ao plexo nervoso mesentérico localizado no abdome.

- **Centro gástrico:** Localiza-se próximo ao umbigo, conecta-se ao plexo solar (gástrico) e responsabiliza-se pela digestão e absorção de alimentos (penetração de fluidos vitais em nossa organização perispiritual).
- **Centro genésico:** Santuário do sexo, templo modelador de formas, é responsável também pelos estímulos criadores com vistas ao trabalho, à associação e realização entre as almas. Localiza-se na pelve, na região da bexiga vesical e se liga ao corpo físico através do plexo nervoso coccígeo ou hipogástrico.

Nunca é demais repetir que pensar, sentir e agir de forma desequilibrada faz surgir desarmonia energética nos centros de força que culmina com a perda da saúde corporal. O restabelecimento das energias dos chakras ocorre com a mudança do pensamento, sentimento ou atitude que originou a distonia. Os passes e preces apenas serão coadjuvantes para a harmonização do perispírito e do corpo físico de quem busca o passe, mas somente uma mente sadia terá um corpo sadio. Por isso a transformação moral através do amor a si mesmo e ao próximo promove benefícios sustentados e não melhora fugaz.

13. Por que sempre recebo passes e não me curo?

Como explicado na questão anterior, há doenças decorrentes de desvios morais causadas pela manutenção de maus pensamentos que geram instabilidade emocional do doente, além de hábitos perniciosos, tais como fumar, beber, comer em excesso, não repousar, etc. Por isso recomendamos o hábito de boas leituras, preces e frequência a estudos evangélico-doutrinários que promovam a renovação de pensamentos e sentimentos, além da prática do bem, para a cura real. Exercícios diários das virtudes cristãs, especialmente paciência, tolerância, perdão e humildade são fundamentais, pois a cura resulta da parceria entre espíritos, médiuns e doentes, transformados pelo Evangelho de Jesus.

Para que o passe surta efeito é importante que o paciente tenha FÉ no tratamento que recebe para absorver integralmente os fluidos recebidos. Deve ter MERECIMENTO, pois muitas doenças foram solicitadas por nós mesmos antes de reencarnarmos, para que fossem freios contra quedas espirituais maiores. Assim, muitos asmáticos de hoje foram os fumantes de ontem, muitos dos que apresentam colites e gastrites foram os alcoolistas de outras vidas. Nem sempre a cura física interessa a Deus, pois, se curados, esses indivíduos poderiam voltar a cometer os mesmos erros. Nos exemplos supracitados, para merecer a cura é preciso que a alma esteja realmente liberta desses vícios. Por isso os espíritos responsáveis pelo tratamento realizam uma profunda análise das vidas anteriores do doente e decidem se estão aptos à cura.

Além da fé e do merecimento, a VONTADE, decidida determinação de alcançar um objetivo definido, é fundamental direcionar os fluidos para os locais enfermos, ordenando mentalmente o processo da cura.

Sei que parece estranho falar em vontade de curar-se, pois todos que buscam a cura na casa espírita o fazem porque querem parar de sofrer, mas o fato é que a doença traz ganhos secundários, tais como cuidados e atenção, além de servir como escudo para não ter que tomar decisões e enfrentar a vida, o que exige luta constante. Importante entender que o que disse acima não acontece de forma consciente e proposital, mas inconsciente, como simples defesa psicológica até que o indivíduo possa reunir forças para seguir em frente.

14. Quando a pessoa não acredita ou não quer receber o passe adianta aplicá-lo?

Não. Toda pessoa merece respeito e consideração, por isso não é conveniente aplicar o passe quando ela não queira, porque isso é invasão. Além disso, será refratária ao tratamento por não absorver as energias que recebe por faltarem duas poderosas alavancas da cura: a fé e a vontade. Certamente não seguirá as orientações que lhe serão dadas, tais como assistir às reuniões doutrinárias, mudar hábitos, renovar a mente, fazer prece e comparecer sistematicamente ao tratamento. Mas, de qualquer forma pode-se orar por ela e, com o poder da prece, modificar progressivamente seu estado de espírito. Veja o que dizem os espíritos na questão 662 de *O Livro dos Espíritos*: *"Pode-se, com utilidade, orar por outrem? – O espírito de quem ora atua por sua vontade de praticar o bem. Atrai a si, mediante a prece, os bons espíritos e estes se associam ao bem que deseje fazer".*

15. Pode-se aplicar o passe em qualquer lugar?

O passe deve ser aplicado em câmara de passes para isso destinada porque ela fica constantemente saturada de elementos fluídico-espirituais, permitindo um melhor atendimento aos necessitados.

O passe no domicílio do doente somente se justifica em casos de doença grave ou impossibilidade total de comparecimento ao centro e deve ser dado, por uma pequena equipe, na residência do necessitado, enquanto perdurar o impedimento que o mantém sem condições de comparecer à casa espírita.

Algumas pessoas procuram os médiuns em horas impróprias, às vezes no lar do medianeiro. Todo trabalho para ser eficiente e seguro necessita disciplina. Emmanuel adverte: *"Controlemos nossos horários de ação espiritual para que a perturbação não se apresente com o nome de CARIDADE"*.

Portanto, o lugar ideal é na câmara de passes do centro, mas, nos casos de urgência, o lugar não importa.

ORAÇÃO DO PASSISTA[68]

Pai, nesse momento tem diante de mim um enfermo. Não sei quem ele é e desconheço por completo seu passado espiritual; não imagino a extensão dos débitos que ele possa ter perante a Sua justiça; não sei os motivos que o trouxeram à minha presença, mas sei que ele sofre! Talvez amanhã eu também possa estar como ele, necessitando da Sua misericórdia. Estou ciente de que somente o Senhor pode afastar a dor do meu semelhante e que me colocou diante desse irmão para que eu aprendesse a amá-lo, como o Senhor nos ama a todos. Sei que sou humilde servo da seara do bem, que minhas qualidades são mínimas quando

---

68. Essa oração foi sugerida pela Irmã Tereza, orientadora dos meus trabalhos espirituais, como simples modelo ao médium que quer transmitir passes. NA.

comparadas à extensão dos meus defeitos; porém, se for da Sua vontade, o Senhor pode transformar-me em médium de luz, a derramar sobre este sofredor um pouco da Sua paz e do Seu conforto. Se a cura não vier, que pelo menos ele saia desta casa aliviado e consolado. Que os médicos e enfermeiros espirituais possam me auxiliar, pois sozinho não sou nada; que os fluidos inferiores possam ser afastados desse irmão e que, nesse momento, eu possa derramar sobre ele o equilíbrio, a saúde e a paz! Se for da Sua vontade e do merecimento dele, curai-o, utilizando-me como instrumento do Seu amor, Senhor!

O APRENDIZ

Parte IV

ABC da mediunidade

ABC DA MEDIUNIDADE

1. O QUE É MEDIUNIDADE?

Mediunidade é a faculdade que permite ao homem sentir e transmitir os pensamentos e sentimentos dos espíritos favorecendo o intercâmbio entre o mundo físico e o espiritual. O médium se constitui, portanto, numa espécie de intérprete dos espíritos, uma ponte entre as dores e as consolações.

Kardec define mediunidade em *O Livro dos Médiuns*, capítulo XIV, item 159, do seguinte modo: "*Todo aquele que sente, num grau qualquer, a influência dos espíritos é, por esse fato, médium. Essa faculdade é inerente ao homem; não constitui, portanto, um privilégio exclusivo. Por isso mesmo raras são as pessoas que dela não possuam alguns rudimentos. Pode, pois, dizer-se que todos são, mais ou menos, médiuns. Todavia, usualmente, assim só se qualificam aqueles em quem a faculdade mediúnica se mostra bem caracterizada e se traduz por efeitos patentes, de certa intensidade, o que então depende de uma organização mais ou menos sensitiva*".

2. PARA QUE SERVE A MEDIUNIDADE?

- Provar a existência dos espíritos e a imortalidade da alma.
- Estabelecer contato com os parentes e amigos desencarnados, se possível e permitido pelos bons espíritos, com o objetivo de consolar os corações dos que ficaram e dos que partiram.
- Informar aos encarnados como é a vida espiritual, permitindo que se conheçam os diferentes estados da alma após a morte, de acordo com suas ações quando vivos.
- Receber ensinamentos por parte dos espíritos superiores.
- Executar curas pela ação dos espíritos através dos médiuns curadores.
- Esclarecer e encaminhar os espíritos sofredores que estão causando influências sobre os homens, inconscientes de que o fazem[69].
- Prática da desobsessão, que consiste na evocação para o esclarecimento e encaminhamento dos espíritos perseguidores (obsessores), responsáveis por muitos desequilíbrios físicos e mentais dos seres humanos, visando à libertação de vítimas e algozes.

E, se todos os seres humanos possuem, em grau variado, a mediunidade, deduz-se que essa "janela" para a espiritualidade permite que os espíritos possam influir em nossos pensamentos e ações através da inspiração para o bem ou para o mal.

---

69. Conhecidas popularmente como almas penadas.

3. Por que a Bíblia proíbe a comunicação com os mortos no *Deuteronômio*[70] 18:9-12?

Na passagem bíblica inscrita no livro *Deuteronômio* 18:9-12, atribuída a Moisés, há proibição do intercâmbio com os mortos, especialmente aquele que se faz com fins escusos, como deduzimos do que disse o profeta: "*Quando entrares na terra que o Senhor teu Deus te der, não aprenderás a fazer conforme as abominações daquelas nações; entre ti não se achará quem faça passar pelo fogo o seu filho ou sua filha, nem adivinhador, nem prognosticador, nem agoureiro, nem feiticeiro; nem encantador de encantamentos, nem quem consulte um espírito adivinhador, nem mágica, nem quem consulte os mortos. Pois todo aquele que faz essas coisas é abominação ao senhor*".

Se Moisés proibiu a comunicação com os mortos deduz-se que ela é possível e que provavelmente constituía-se em prática comum entre os povos daquele tempo, pois ele disse: "*não aprenderás a fazer conforme as abominações daquelas nações*".

Convencido que de a comunicação com os mortos era possível, ele a proíbe. Por quê?

Nota-se que o profeta contraindica o intercâmbio com os espíritos para vergonhoso comércio com eles, em busca de feitiços, encantamentos, adivinhação, mau agouro e práticas de magia negra. O espiritismo ratifica as palavras de Moisés ao invés de censurá-las, pois também condena tais práticas e adverte que a mediunidade deve ser conduzida pelos caminhos do bem ao próximo, com Jesus à frente. Mas o Cristo ainda não havia encarnado

70. Deuteronômio é um dos cinco livros do Velho Testamento atribuídos a Moisés, juntamente com Gênesis, Êxodo, Números e Levítico.

àquele tempo para estabelecer o amor como base das relações humanas, tanto no plano material como no plano espiritual. Portanto, a humanidade não estava amadurecida para a relação saudável e produtiva com os espíritos. Moisés, conhecendo esse fato, proíbe a evocação dos mortos. Mas ele não era contrário ao intercâmbio mediúnico desde que objetivasse fins úteis, como se lê no Velho Testamento, em Números, capítulo 11: Josué, filho de um servidor de Moisés, vem pedir que o profeta advertisse Eldade e Medade que profetizavam no arraial. Moisés se nega a condená-los, adverte o servo e responde: "*Oxalá que todo o povo do Senhor fosse profeta, que o Senhor lhes desse o seu espírito*".

Há casos citados na Bíblia em que os mortos foram evocados. Um deles ocorreu com Jesus, que conversou com Moisés e Elias[71] na presença de Pedro, Tiago e João, registrado em Mateus 17:1-8. Em I Samuel 28:7-19, está escrito que o Rei Saul procurou uma médium pedindo que evocasse o espírito Samuel para orientá-lo nas dificuldades que enfrentava na condução do seu reino. Um espírito mistificador (enganador) responde à evocação em lugar de Samuel.

Os detratores do espiritismo afirmam que os casos de contato entre vivos e mortos registrados na Bíblia são raros e que somente o Espírito Santo, os anjos e os demônios se comunicavam com os vivos. Dizem que no espiritismo os demônios se fazem passar por nossos entes queridos com a finalidade de nos enganar. Porém, ao analisar as obras espíritas vemos que os tais "demônios" nos falam de amor,

71. Moisés era falecido a esse tempo, mas Elias, segundo a Bíblia, não morreu, pois foi levado aos céus, vivo.

revivem os ensinamentos cristãos, ensinam a perdoar, compreender, tolerar, espalhando consolo aos que sofrem. Argumentam, então, que é impostura do diabo, que não tem escrúpulos em usar e abusar das coisas sagradas para melhor enganar.

O espiritismo afirma que bons e maus espíritos se comunicam e, em alguns casos, Deus permite que os entes queridos que partiram antes de nós possam retornar e dar testemunho da sobrevivência da alma para nos consolar e encher nossos corações de esperança. Afirma, também, que o Pai, em sua infinita sabedoria e bondade, dá discernimento ao homem para que possa, seguindo o conselho do apóstolo João, *"não acreditar em todos os espíritos, mas provar se os espíritos são de Deus, porque são muitos os falsos profetas que se levantam no mundo"*. (I João 4:1).

4. Há passagens bíblicas que abordam a mediunidade?

Sim, e citarei algumas delas. Mas antes disso quero lembrar que manifestações de espíritos ocorrem desde tempos imemoriais, pois a mediunidade é uma faculdade da alma humana. Muitos dos fundadores e propagadores das religiões antigas receberam, através da mediunidade, as mensagens divinas de que eram portadores. Na Bíblia, o vocábulo espírito aparece inúmeras vezes e os médiuns[72] são identificados pelos vocábulos: pitonisa, sibila, hierofante, oráculo, profeta, etc.

Observa-se, por exemplo, no capítulo 12 da 1ª Epístola aos Coríntios, a abordagem que o apóstolo Paulo dá

72. O vocábulo "médium", com o significado de intermediário entre os espíritos e os homens, foi criado por Kardec, no século XIX.

sobre o tema falando da diversidade de dons espirituais, ou seja, dos vários tipos de mediunidade: "*Acerca dos dons espirituais, não quero, irmãos, que sejais ignorantes (...). Mas a manifestação do espírito é dada a cada um, para o que for útil. Porque a um pelo espírito é dada a palavra da sabedoria; e a outro, pelo mesmo espírito, a palavra da ciência; e a outro, pelo mesmo espírito, a fé; e a outro, pelo mesmo espírito, os dons de curar; e a outro a operação de maravilhas; e a outro a profecia; e a outro o dom de discernir os espíritos; e a outro a variedade de línguas; e a outro a interpretação das línguas. Mas um só e o mesmo espírito opera todas estas coisas, repartindo particularmente a cada um como quer. Porque, assim como o corpo é um, e tem muitos membros, e todos os membros, sendo muitos, são um só corpo, assim é Cristo também*". (1ª Coríntios 12:01, 07-12).

A tradução literal dessa passagem bíblica, a primeira vista, parece dar a ideia de que um único espírito vai operar maravilhas através dos discípulos, utilizando-se de seus dons espirituais (mediunidade) para conferir-lhes sabedoria, ciência, fé, capacidade de curar, profetizar, etc. Isso reforça o conceito que a igreja traz de que é o Espírito Santo quem se comunica e não os espíritos de forma geral. Como a língua hebraica era cheia de símbolos, Paulo faz uma analogia com o corpo, que representa Jesus cujos membros são os discípulos. Um único espírito, Jesus, irradia seu pensamento como verdadeiro sol sobre todos os membros de sua igreja que estejam aptos a captar-lhe as ideias, através dos dons espirituais que possuem.

Igualmente, a doutrina espírita afirma que através dos pensamentos e sentimentos amorosos nos mantemos interligados à imensa corrente de luz formada pelo Cristo e seus mensageiros[73], assim como a igreja afirma que o Espírito Santo é o elo de amor que liga Jesus ao coração dos seus seguidores, numa conexão permanente para a difusão do seu Evangelho.

Interessante observar que, após ter apresentado a mediunidade aos cristãos, Paulo discorre sobre a necessidade de exercer os dons do espírito com amor, caso contrário, não terá qualquer validade: *"[...] E ainda que tivesse o dom de profecia*[74]*, [...] e não tivesse amor, nada seria".* (1ª Coríntios 13:1-2).

Em seguida, no capítulo 14, o apóstolo dos gentios ensina que a finalidade maior da mediunidade é a edificação espiritual e o consolo dos aflitos: *"[...] procurai com zelo os dons espirituais, mas principalmente o de profetizar [...]. Mas o que profetiza fala aos homens, para edificação, exortação e consolação"*, e pede que o portador da mediunidade se enriqueça de conhecimentos e mantenha a pureza de coração *"(...) mas sede meninos na malícia, e adultos no entendimento. (...)".*

Paulo sugere que os profetas não fiquem mediunizados todos ao mesmo tempo: *"Mas, se a outro, que estiver assentado, for revelada alguma coisa, cale-se o primeiro. Porque todos podereis profetizar, uns depois dos outros; para que todos aprendam, e todos sejam consolados". [...]* Em seguida, Paulo explica a necessidade de o médium ter domínio sobre si

73. Acerca da comunicação dos espíritos puros com os homens Kardec diz *"Podem os homens pôr-se em comunicação com eles, mas extremamente presunçoso seria aquele que pretendesse tê-los constantemente às suas ordens."* Questão 113 - *O Livro dos Espíritos.*

74. A palavra profeta provém do grego e significa "através de". Naquele tempo os profetas eram considerados enviados de Deus através dos quais a Divina Providência enviava orientação e consolo, além de fazer previsões do futuro (profecias).

comportando-se com equilíbrio para não tumultuar a reunião. [...] *"E os espíritos dos profetas estão sujeitos aos profetas. Porque Deus não é Deus de confusão, senão de paz, como em todas as igrejas dos santos"*.

Pode-se observar também a manifestação ostensiva da mediunidade, de forma coletiva e simultânea, no Dia de Pentecostes[75], quando os discípulos do Cristo ficaram simultaneamente mediunizados, tanto judeus como pagãos, e passaram a falar das grandezas de Deus, cada um expressando-se no dialeto dos vários povos presentes. Em Atos 02:1-42 pode-se ler a descrição integral do fato mediúnico que incluiu efeito físico e psicofonia[76]: *"De repente, surgiu um som do céu, semelhante ao que traz a ventania violenta, e encheu toda a casa onde estavam sentados. E se tornaram visíveis línguas como de fogo, que se distribuíam para eles; e sobre cada um deles sentou uma delas. Todos ficaram cheios do Espírito Santo, e começaram a falar em outras línguas, segundo o espírito lhes concedia declarar"*.

O apóstolo Pedro, nesse mesmo dia, relembra a profecia de Joel a respeito da mediunidade: *"E nos últimos dias acontecerá, diz o Senhor, que do meu espírito derramarei sobre toda a carne; e os vossos filhos e vossas filhas profetizarão, os vossos jovens terão visões, e os vossos anciãos sonharão sonhos. E, mesmo sobre meus servos e servas, derramarei meu espírito, e profetizarão"*. (Atos, 2:17 e 18). Portanto, a mediunidade surgiria em todos os povos, independentemente de sexo, raça e classe social.

---

75. Pentecostes era uma festa religiosa judaica, que ocorria no quinquagésimo dia depois da Páscoa, em ação de graças pelos primeiros frutos das colheitas; para os cristãos foi o dia em que o Espírito Santo foi enviado à igreja.

76. Psicofonia - mediunidade falante conhecida popularmente como incorporação.

5. CITE FATOS MEDIÚNICOS FORA DA BÍBLIA E DO MEIO ESPÍRITA.

Na Antiguidade existem inúmeros relatos sobre a comunicação com os espíritos. Na Grécia, por exemplo, era extremamente comum a comunicação com os espíritos dos mortos, tanto entre o povo como entre os filósofos, especialmente os pitagóricos e os platônicos. O processo ocorria por meio dos pítons, pitonisas ou profetas, que proferiam oráculos evocando os mortos para a comunicação com os vivos. O filósofo grego Pitágoras era costumeiramente acompanhado por uma médium denominada Teoclea, pitonisa do Templo de Apolo, com o objetivo de manter a comunicação com os espíritos.

Outro grande filósofo grego, Sócrates, nascido em Atenas por volta de 470 a.C., mantinha contato próximo com seu espírito protetor e chamava-o de anjo bom do qual recebia os esclarecimentos necessários para dúvidas e dilemas de sua vida.

Na Gália Celta encontrou-se um dos mais antigos códigos religiosos, os livros sagrados do povo druida, afirmando a existência dos espíritos. Vale lembrar que o nome Allan Kardec, pseudônimo do codificador da doutrina espírita, provém de sua encarnação como sacerdote druida.

Na Idade Média, houve grande perseguição aos médiuns, considerados bruxos e hereges. Apesar do risco de sofrer a pena de morte existem inúmeros relatos de médiuns em diversos países. A religiosa Brígida, da Suécia, tinha visões do mundo espiritual e psicografava constantemente mensagens aos príncipes, chefes religiosos e até ao papa romano. No seu processo de canonização ela foi denominada como correio a serviço de um Grande Senhor.

Na França, Joana D'Arc, expulsava os estrangeiros de sua pátria por meio de orientações de espíritos protetores do povo francês, que ela acreditava ser Deus.

Na Alemanha, a freira Hildegard Von Bingen possuía visão, audição e interagia diariamente com o plano espiritual. Suas experiências mediúnicas eram tão comuns que resultaram na obra intitulada *Scivias*.

Immanuel Swedenborg, (1688-1772), educado entre a nobreza sueca, católico e profundo estudioso da Bíblia, grande autoridade em física, astronomia, zoologia, anatomia, engenharia de minas e metalurgia. A partir de 1744, em Londres, deixou em suas obras relatos extraordinários de suas experiências com o mundo espiritual. Diz ele sobre sua primeira visão: "*Na mesma noite, o mundo dos espíritos, do céu e do inferno, abriu-se convincentemente para mim, e aí encontrei muitas pessoas de meu conhecimento e de todas as condições. Desde então, diariamente o Senhor abria os olhos de meu espírito para ver, perfeitamente desperto, o que se passava no outro mundo e para conversar, em plena consciência, com anjos e espíritos*".

O escocês Edward Irving, nascido em 1792, fundou nos EUA uma igreja espiritualista. Expressava-se em línguas diferentes durante o transe mediúnico, fenômeno conhecido como xenoglossia. Era também dotado da capacidade de provocar efeitos físicos sob a ação dos espíritos que o dirigiam, tais como os ruídos, efeitos luminosos, deslocamentos, levitação e transporte de corpos e objetos.

André Jackson Davis (1826-1910), médium curador, escreveu mensagens espirituais em diversas línguas, previu o aparecimento do automóvel, da máquina de escrever, dos aviões e a codificação do espiritismo. Aos 19 anos de idade, Davis manifestou o desejo de escrever um livro e o fazia através de transes mediúnicos, submetidos por um magnetizador. Um secretário anotava fielmente as palavras que jorravam da boca do médium, como se fora o mais douto em conhecimento e sabedoria, porém tratava-se de um jovem ignorante e sem cultura. Esse foi o começo do trabalho mediúnico desse jovem, que continuou por muitos livros, todos reunidos com o nome de *Filosofia harmônica*. Nessa fase, ele dizia estar sob a influência direta de uma entidade, que posteriormente se identificou como sendo Swedenborg.

Um interessante caso de psicografia entre os religiosos é a obra denominada *O manuscrito do purgatório*, psicografada pela freira Maria da Cruz, ditada pelo espírito da freira Maria Gabriela. Nessa pequena obra católica, o espírito Maria Gabriela narra a existência das zonas de sofrimento no mundo espiritual, denominada pelos católicos de "purgatório", muito semelhante ao relato do espírito André Luiz na obra *Nosso Lar*, psicografado por Francisco Cândido Xavier.

É importante lembrar-se de Daniel Douglas Home, conhecido mundialmente pelos fenômenos paranormais que provocava à sua volta. Forças invisíveis se manifestavam chegando a levantá-lo do chão, em algumas ocasiões. Home chamou a atenção de sábios e estudiosos em todo o mundo. Nasceu em uma pequena aldeia na Escócia e viveu de 1833 a 1886. Desde cedo demonstrou sua prodigiosa faculdade e jamais se envolveu com dinheiro em suas fantásticas demonstrações de vidência, efeitos físicos, levitação, desdobramento etc. Embora contemporâneo do codificador do espiritismo, eles nunca se conheceram. Entretanto Allan Kardec faz comentários sobre ele em sua obra, analisando os fenômenos, que para ele, eram autênticas provas da existência de imortalidade da alma. Home, embora não fosse espírita, atribuía a responsabilidade dos fenômenos aos espíritos, o que contribuiu para a popularização do espiritismo nos nobres salões da América e da Europa.

Um caso interessante que foi noticiado nos jornais da época aconteceu nos Estados Unidos, em Hydesville, cidade localizada no Estado de Nova York, em 1848.

Numa cabana de madeira naquela cidade, um mascate foi assassinado pelo casal que lá residia, após tê-lo assaltado. Anos depois uma família protestante mudou-se para esta casa e ruídos estranhos, "raps", passaram a ser ouvidos. As filhas do casal, Kate e Margareth Fox, de 11 e 14 anos, médiuns de efeitos físicos, embora não soubessem, eram os "instrumentos" do fenômeno. Estabeleceu-se então um diálogo com o "fantasma" do mascate, sendo desvendado o crime que, até então, era desconhecido de todos. A ossada de Charles B. Rosna, o mascate, foi encontrada numa parede falsa da casa. Esse episódio marca o início das manifestações ostensivas do plano espiritual sobre o plano material.

6. A MEDIUNIDADE PODE LEVAR À LOUCURA OU A DOENÇAS?

Não, a mediunidade é apenas um dom natural, uma faculdade que permite o intercâmbio entre os dois planos da vida, portanto não é doença e não causa doença.

Kardec discorre sobre esse assunto em *O Livro dos Médiuns*, capítulo XVIII. "*Será a faculdade mediúnica indício de um estado patológico qualquer, ou de um estado simplesmente anômalo? – Anômalo, às vezes, porém, não patológico; há médiuns de saúde robusta; os doentes o são por outras causas.*"

"Poderia a mediunidade produzir a loucura? – Não mais do que qualquer outra coisa, desde que não haja predisposição para isso, em virtude de fraqueza cerebral. A mediunidade não produzirá a loucura, quando esta já não exista em gérmen; porém, existindo este, o bom-senso está a dizer que se deve usar de cautelas, sob todos os pontos de vista, porquanto qualquer abalo pode ser prejudicial."

Embora a ciência ao tempo do codificador soubesse muito pouco sobre a doença mental, como ainda hoje pouco se sabe, Kardec acertou quando disse que a causa da loucura está na *fraqueza cerebral*. Hoje, sabe-se que a loucura é causada por disfunções cerebrais que podem ser tratadas com medicamentos especializados e que fatores estressantes psicossociais e ambientais deflagram a enfermidade. O espiritismo acrescenta mais um fator coadjuvante: as influências perniciosas espirituais, conhecida como obsessão.

Por isso, a abordagem terapêutica ideal desses pacientes inclui o tratamento médico, psicológico e espiritual.

7. Por quais sinais se reconhece que uma pessoa é médium?

Os médiuns não têm um perfil específico. Em geral são pessoas mais sensíveis que as outras, mas isso não é regra. Podem descobrir-se médiuns em qualquer idade. Os sinais mais comuns dessa condição são:

- Desmaios e convulsões cuja causa os médicos não conseguem diagnosticar como enfermidades físicas.
- Mudanças radicais na voz e na fisionomia perceptíveis, sobretudo, pelas outras pessoas e que muitas vezes acontecem sem que o medianeiro possa impedir, embora tenha

consciência plena do fato, como se uma força oculta e externa o dominasse e subjugasse.
- Ter premonições comprovadas; alterações súbitas de humor sem motivo aparente.
- Sentir a mente invadida por pensamentos recorrentes que por mais que se esforce não consegue afastá-los.
- Sensações de formigamento nas mãos, na cabeça e na nuca; ondas alternadas de frio e calor nas mãos, braços ou no corpo; sensação de estar fora do corpo.
- Ver e ouvir espíritos.
- Escrita automática e compulsiva de textos de conteúdo estranho à experiência do autor.

Em todos os casos acima o indivíduo está mentalmente saudável e quase sempre encara esses fenômenos com certa naturalidade, mantendo perfeito juízo crítico, apesar de todas essas experiências.

8. Ansiedade, depressão sem causa aparente e alucinações visuais sugerem mediunidade?

Não. Como vimos, as doenças mentais têm múltiplas causas: orgânicas, psicológicas e espirituais. Eventualmente esse doente pode ser médium, mas não é a mediunidade que causa o problema, pois, como supracitado, mediunidade não é doença e não causa doença.

A primeira atitude a tomar nesses casos é acolher fraternalmente, consolar, orientar para o tratamento de passes, incentivar o hábito de preces e leituras edificantes de conteúdo evangélico para renovar pensamentos e sentimentos doentios. Durante o diálogo fraterno com esses assistidos deve-se despertá-los para uma vivência espiritualizada com cultivo de bons hábitos e higiene mental. É de fundamental importância encaminhar o paciente para tratamento médico e psicológico para diagnóstico adequado, pois muitas enfermidades orgânicas apresentam sintomas mentais também. Alucinações visuais, por exemplo, podem ter como causa efeitos colaterais de medicamentos, epilepsia, tumores cerebrais, etc., e não apenas doenças mentais ou influência espiritual.

Nesses casos, depois de estabilizado o quadro psíquico e orgânico, se o indivíduo desejar, deverá ser encaminhado para estudos evangélicos e doutrinários e, posteriormente, para estudo e desenvolvimento da mediunidade, se for o caso.

9. Como se desenvolve a mediunidade?

Muitos pensam que desenvolver mediunidade é sentar-se à mesa e receber espíritos. Porém, o desenvolvimento da mediunidade significa apurar e disciplinar a sensibilidade espiritual de modo a utilizá-la com equilíbrio.

A eclosão da faculdade mediúnica ocorre de modo natural e não depende da crença, da raça, da idade ou do sexo do seu portador. Como já foi dito é um dom natural. O exercício adequado pode aprimorar a percepção espiritual e disciplinar o exercício da mediunidade; a isso se chama desenvolvimento mediúnico.

Para isso, o médium deve estudar a doutrina espírita que o fará conhecer o mundo espiritual com o qual estará em contato constante. É fundamental estudar *O Livro dos Espíritos* e *O Livro dos Médiuns*. Igualmente importante é promover sua reforma moral, que lhe garantirá a companhia dos bons espíritos, o que se consegue através do estudo e vivência de *O Evangelho segundo o Espiritismo*; a isso se chama educação mediúnica.

A prática da caridade - compreendida como todo ato de amor - deve nortear os passos do candidato a médium no seu dia a dia.

Instituir o **culto do evangelho no lar** é importante para equilibrar o ambiente familiar que acolherá o médium e garantirá seu equilíbrio e de seus familiares. Isso se consegue realizando-se o culto da seguinte forma:

a) Escolher dia e horário fixos em que toda a família possa estar reunida - se ninguém quiser, o médium pode fazer isso sozinho.
b) Iniciar o culto com uma prece.
c) Ler um trecho de *O Evangelho segundo o Espiritismo*, ou outro livro que contenha páginas que promovam a reforma moral.
d) Discutir entre os participantes o que a página do dia trouxe-nos como aprendizado tendo o cuidado de não aproveitar esses minutos para "lavar a roupa suja", com comentários do tipo: "essa página serve pra você".
e) Encerrar o culto com uma prece.
f) Beber a água - que deve ser depositada em jarra ou em copos individuais no início do culto. Nela os mentores espirituais colocarão os fluidos que precisamos para manter o equilíbrio.

O culto do evangelho deve ser breve, respeitando-se o horário e o dia marcados, pois os mentores espirituais se programam para ir ao nosso lar e nos auxiliar nessa tarefa.

Esse culto serve para promover a reforma moral dos moradores da casa, levando à limpeza energética do lar, além de criar uma barreira vibratória, impedindo o assédio de espíritos inferiores a essa casa.

Não deve ser utilizado para receber comunicações de espíritos ou para orações para pessoas doentes ou com problemas espirituais, visto que isso funciona como uma evocação para os espíritos que acompanham o enfermo e a presença maciça deles pode causar desequilíbrio nos moradores da casa. Nesses casos é preferível que se leve o nome e o endereço do doente para uma casa espírita onde existe uma corrente de trabalhadores espirituais especializados em auxílio como esse.

10. Por que se diz que se uma pessoa tem mediunidade e não desenvolve vive doente?

No meio espírita existe essa crença e muitas pessoas recebem essa informação quando procuram uma casa espírita para tratamento espiritual, quase sempre para a melhora de doenças físicas ou mentais[77]. Vimos que a mediunidade não causa doenças, sendo tão somente uma faculdade da alma humana, assim como a inteligência ou a habilidade para a dança e a música, por exemplo. Então de onde surgiu essa crença? Muito provavelmente da observação do fato de o indivíduo chegar ao centro enfermo, curar-se e, ao estudar a doutrina e desenvolver a mediunidade, permanecer bem.

Contudo, o desenvolvimento mediúnico implica em estudos evangélico-doutrinários, adoção de bons hábitos,

77. Para entender por que adoecemos veja a segunda semana do livro *Oito semanas para mudar sua vida* - de minha autoria publicado pela EME.

prática do evangelho no lar e de ações caritativas a benefício do próximo. Pode-se dizer que tudo isso contribuiu para a estabilização da saúde física e mental.

Outro fator que deve ser levado em conta é o fato de estarmos encarnados num mundo de provas e expiações, o que sugere a existência de débitos com as leis morais da vida, as quais se devem saldar, assim como de provas a vivenciar, com vista ao progresso espiritual.

As enfermidades que muitos médiuns apresentam resultam de exoneração de energias doentias que foram produzidas por sua mente enfermiça e que se acumulam no corpo espiritual para serem drenadas para o corpo físico, que funciona como exaustor do corpo espiritual, como será explicado mais adiante na questão que aborda o perispírito[78]. Doenças representam materialização de pensamentos e sentimentos doentios, tanto dessa como de outras existências.

Posicionando o indivíduo entre as dores e as consolações, a mediunidade surge como instrumento de evolução e progresso para o seu portador, pois no exercício mediúnico com Jesus o médium tem a oportunidade de evangelizar-se e espiritualizar-se, à medida que proporciona isso para todo companheiro de jornada terrestre que dele se aproxima. Nesse processo de renovação de pensamentos e sentimentos as energias do corpo espiritual transmutam-se e aquelas doenças que acima citamos não se materializam porque as energias doentias, ao contato do amor, se transformam. Desse modo, a mediunidade dá ao médium a oportunidade de reparar erros e expiar suas faltas passadas, ao mesmo tempo em que o reergue

78. Perispírito - corpo espiritual, envoltório fluídico da alma.

moralmente através das lutas e desafios que lhe propõe como provas.

Portanto, não é o fato de trabalhar como médium numa casa espírita que vai auxiliá-lo em sua cura e evitar que muitas enfermidades cármicas[79] possam vir a ser materializadas em seu corpo físico, mas a caridade e a transformação moral que podem ser exercidas no centro espírita, ou em outra casa religiosa.

A crença em "enquanto não desenvolver não sara" só tem sentido se quem profere essa frase entende que desenvolver mediunidade significa desenvolver-se como pessoa, espiritualizar-se, evangelizar-se e servir sempre.

11. É verdade que depois de desenvolver a mediunidade o médium não pode mais parar por que os "guias"[80] o perseguem até ele voltar?

Não, essa crença resulta da observação do fato de que alguns médiuns, após abandonarem o trabalho mediúnico, ficarem perturbados. Isso ocorre porque a mediunidade, como vimos, é talento dado por Deus para ser colocado a benefício do bem e não se deve desenvolver a mediunidade por obrigação ou por medo de ser punido, mas por amor à causa do Cristo.

Muitas pessoas desenvolvem a mediunidade como se isso fosse um passaporte para a felicidade plena. Esquecem

79. Carma é uma palavra que em sânscrito quer dizer movimento. No meio espírita é usada para dizer que são situações consequentes a ações cometidas no passado, em outras existências, e que resultam em lutas e desafios reparadores na vida presente.

80. A palavra está escrita entre aspas porque o único guia a quem devemos seguir é Jesus. Os espíritos, almas de pessoas que viveram sobre a Terra, não são destinados a conduzir ninguém. Cada ser deve guiar a si mesmo rumo ao autoaperfeiçoamento.

que são apenas servos de Deus requisitados pela Providência Divina para trabalharem como intérpretes do amor junto às criaturas. Sem dúvida se ganham amigos espirituais e eles, por amor, nos auxiliam em tudo o que estiver ao seu alcance, isso não significa que somos especiais ou que eles vão derrogar as leis da justiça Divina por nossa causa. Sustentam-nos em nossas provas, mas não podem afastá-las de nós. O próprio Cristo disse: "quem quiser vir comigo, tome a sua cruz e siga-me".

No atual estágio evolutivo da Terra, quem pertence à categoria dos santos é minoria, da qual não fazemos parte e os nossos amigos espirituais também não. Somos todos colaboradores da seara do Cristo.

Portanto, caso o indivíduo necessite ou queira abandonar a tarefa iniciada no centro deve compreender que mesmo afastado da casa espírita continua sendo médium e atrairá, por sintonia mental, espíritos com os quais tenha afinidade de pensamentos e sentimentos. Desde que se mantenha em atitude de elevação mental e realizando o bem não se perturbará.

É preciso entender que, embora muitas pessoas sejam médiuns, nem todas têm mediunato, ou seja, tarefas específicas a realizar através de sua mediunidade. Nesses casos o indivíduo reencarna tendo na mediunidade seu instrumento de resgate dos erros cometidos em outras vidas e se compromete, antes de reencarnar, a fazer o bem como parte desse processo de reerguimento moral. Quando abandona o trabalho os bons espíritos respeitam seu livre-arbítrio e se afastam buscando outros médiuns com quem possam continuar trabalhando. Longe, porém, da influência salutar dos bons, o médium fica à mercê dos antigos comparsas e das vítimas de outras vidas que, vigilantes, aguardam uma oportunidade para obsidiá-lo, o que não demora muito, pois a imensa maioria dos médiuns é constituída de espíritos falidos, cheios de vícios de caráter, grandes devedores da justiça Divina, que receberam a mediunidade como instrumento para sua libertação.

Já vimos que as perturbações espirituais e as consequentes doenças que alguns médiuns apresentam não têm nada a ver com a mediunidade e, sim, com os desequilíbrios emocionais e comportamentais do próprio indivíduo, o que facilita a perturbação espiritual, como se verá quando abordarmos o tema obsessão.

Antes de finalizar, quero dizer que estou falando sobre o que ocorre na doutrina espírita na qual as tarefas mediúnicas acontecem sob o sol do Evangelho de Jesus. Não posso generalizar para outras religiões onde a mediunidade também produz seus frutos. Com certeza se o médium exerce suas tarefas em consórcio com maus espíritos, com a finalidade de prejudicar pessoas, muito provavelmente, quando quiser abandonar a companhia deles terá mais dificuldades.

12. O que fazer quando uma criança tem mediunidade? Deve-se encaminhá-la ao desenvolvimento mediúnico?

Não, jamais. Observemos o que diz Kardec em *O Livro dos Médiuns*. *"Haverá inconveniente em desenvolver-se a mediunidade nas crianças? - Certamente e sustento mesmo que é muito perigoso, pois que esses organismos débeis e delicados sofreriam por essa forma grandes abalos, e as respectivas imaginações excessiva sobre-excitação. Assim, os pais prudentes devem afastá-las dessas ideias, ou, quando nada, não lhes falar do assunto, senão do ponto de vista das consequências morais."*

"Há, no entanto, crianças que são médiuns naturalmente, quer de efeitos físicos, quer de escrita e de visões. Apresenta isto o mesmo inconveniente? – Não; quando numa criança a faculdade se mostra espontânea, é que está na sua natureza e que a sua constituição se presta a isso. O mesmo não acontece, quando é provocada e sobre-excitada. Nota que a criança, que tem visões, geralmente não se impressiona com estas, que lhe parecem coisa naturalíssima, a que dá muito pouca atenção e quase sempre esquece. Mais tarde, o fato lhe volta à memória e ela o explica facilmente, se conhece o espiritismo."

"Em que idade se pode ocupar, sem inconvenientes, de mediunidade? – Não há idade precisa, tudo dependendo inteiramente do desenvolvimento físico e, ainda mais, do desenvolvimento moral. Há crianças de doze anos a quem tal coisa afetará menos do que a algumas pessoas já feitas. Falo da mediunidade, em geral; porém, a de efeitos físicos é mais fatigante para o corpo; a da escrita tem outro inconveniente, derivado da inexperiência da criança, dado o caso de ela querer entregar-se a sós ao exercício da sua faculdade e fazer disso um brinquedo."

Dos fragmentos extraídos de *O Livro dos Médiuns*, capítulo XVIII, entende-se que não se aconselha o desenvolvimento mediúnico em crianças porque elas não têm a maturidade suficiente para lidar com a mediunidade de forma responsável. Nos casos em que a mediunidade se manifeste em crianças deve-se encaminhá-la aos passes e à evangelização para posteriormente desenvolver o estudo que a capacitará a exercer a mediunidade, consciente da responsabilidade que esse trabalho exige.

13. Além da infância, há outras situações que contraindicam o desenvolvimento mediúnico?

No trabalho mediúnico, especialmente em reuniões de desobsessão[81], o médium entra em contato com espíritos desequilibrados que poderiam causar abalos energéticos e psíquicos no reencarnante. Por isso, na gestação desaconselha-se o trabalho mediúnico especialmente após o terceiro mês de gravidez quando passa a se intensificar o processo de integração entre o espírito e o novo corpo e ele precisa cada vez mais de energias renovadoras para seu perispírito e paz para sua mente.

A presença de doença grave ou debilitante, tendência à excentricidade ou sinais de fraqueza mental, como vimos, são fatores impeditivos temporários ou permanentes para o exercício mediúnico, dependendo da evolução favorável ou desfavorável da enfermidade. Esses indivíduos podem desenvolver trabalhos de assistência social espírita e participar de estudos evangélicos doutrinários ou outras atividades que não causem excitação da mente.

14. Os animais têm mediunidade?

Não, porque a mediunidade é uma faculdade humana que implica na necessidade de captar o pensamento dos espíritos e transmiti-los. Os animais compreendem certos pensamentos, mas não podem reproduzi-los, portanto, jamais poderiam ser intérpretes dos espíritos como verdadeiros médiuns. Embora não possuam faculdades me-

81. Chama-se desobsessão a reunião destinada à evocação de maus espíritos que estejam perseguindo as pessoas, o que se denomina obsessão.

diúnicas propriamente ditas têm percepções psíquicas embrionárias condizentes ao seu estado evolutivo. Percebem a presença de espíritos, mas não podem se comunicar com eles e transmitir suas mensagens.

15. Para se comunicar o espírito entra no corpo do médium?

Não, para que haja a manifestação mediúnica é necessário apenas que tenha se formado um circuito mediúnico, que ocorre do seguinte modo:

- O médium se concentra[82] e promove uma expansão das energias de seu corpo espiritual afastando-se ligeiramente do corpo físico, num fenômeno chamado de desdobramento.
- Forma-se uma ligação fluídica entre os corpos espirituais do espírito e do médium.
- O espírito comunicante projeta seus pensamentos sobre a mente do médium.
- As ideias, em forma de ondas mentais, são recebidas pelo médium, transformadas em impulsos nervosos pelo cérebro físico do medianeiro, interpretadas e retransmitidas através dos centros nervosos que controlam os órgãos da fala, no caso da mensagem falada, assim como para braço e mão, no caso da mensagem escrita e ainda podem ser transformadas em sons e imagens nas áreas cerebrais correspondentes à visão e audição no caso da vidência e audiência.

82. Concentrar-se significa silenciar a mente e desligar-se do que ocorre no mundo material à sua volta para prestar atenção ao que acontece no mundo espiritual e assim poder captar os pensamentos dos espíritos. Nos cursos de desenvolvimento prático da mediunidade isso é ensinado e treinado.

- Caso o médium não queira transmitir a mensagem ela não ocorrerá, pois não há formação do circuito, exceto se o médium estiver subjugado como veremos adiante; para isto basta uma vontade firme de recusa mental da comunicação ou uma desconcentração; esse conhecimento é importante porque permite ao médium dar comunicações somente quando ele queira, em local e horário apropriado.

16. Basicamente, quais os tipos de mediunidade que existem?

Didaticamente divide-se a mediunidade em **efeitos físicos** - quando os espíritos usam os médiuns para realizar efeitos captados pelos cinco sentidos conhecidos, que podem ser percebidos por todos os presentes, independentemente de terem ou não mediunidade -, e de **efeitos inteligentes** -, quando os fenômenos são percebidos somente pelo médium que os transmite de acordo com seu tipo de mediunidade. Assim, resumidamente, temos:

I) Mediunidade de efeitos físicos

Através dela os espíritos provocam efeitos:

a) **sonoros** - sons, raps, estrondos, música, reprodução de vozes humanas, etc.. Um exemplo bíblico ocorreu no Dia de Pentecostes: antes de surgirem línguas de fogo sobre a cabeça dos discípulos ouviu-se um ruído alto como se fosse uma ventania. (Atos 02).

b) **luminosos -** clarões, luzes. As línguas de fogo acima descritas servem como exemplo. No episódio bíblico descrito em Êxodo 3:2 - *"Apareceu-lhe o Anjo do Senhor numa chama de fogo, no meio de uma sarça: Moisés olhou, e eis que a sarça ardia no fogo e não se consumia"*.

c) **motores** - movimentação de corpos materiais, abertura e fechamento de portas e janelas, por exemplo. Podem ser:
   i) **Levitação** - suspender um objeto no ar.
   ii) **Transporte** - levar o objeto de um lugar a outro.
   iii) **Plasmadores** - incluem os casos de materialização de espíritos que podem se tornar visíveis como no fenômeno da transfiguração, quando Jesus conversa com Elias e Moisés na presença de João, Pedro e Tiago. Suspeita-se de que os profetas se materializaram porque os apóstolos se propuseram a fazer uma tenda para abrigá-los tal o grau de materialidade deles, dando a aparência de uma pessoa encarnada. Outro exemplo de efeito físico típico de materialização é a bicorporeidade. Nesse caso o encarnado entra numa espécie de "sono" e o espírito sai do corpo envolto em seu corpo espiritual que se materializa em outro local. Isso ocorreu com Santo Antônio de Pádua que se materializou no tribunal onde seu pai estava sendo julgado, em Lisboa[83], enquanto seu corpo físico ficou em profundo transe, na igreja onde orava.

Interessante notar que a Bíblia está repleta desses fenômenos. Citemos a libertação de Pedro da prisão organizada por um Anjo do Senhor, um espírito puro materializado.

83. Pesquise também os casos de bicorporeidade da freira Émile Sageé e Afonso de Ligori, digitando seus nomes no google. Esses casos provam a existência da alma e do corpo espiritual .

Ele o conduz pelos obstáculos e pelos guardas que faziam sentinela sem qualquer dificuldade. Esse trecho bíblico demonstra a materialização do espírito do Anjo (efeito plasmador), o clarão que invade a cela antes da materialização (efeitos luminosos), assim como a ação dos espíritos sobre a matéria quando o portão se abre sozinho (efeito motor). A clareza deste trecho é emocionante. *"De repente, sobreveio o Anjo do Senhor e uma Luz brilhou no cubículo. Tocando a parte de Pedro, o Anjo fê-lo erguer-se, dizendo: 'levanta-te depressa!' E o anjo continuou a orientá-lo: 'Veste a tua roupa e calça as sandálias'. E Pedro assim o fez. Disse-lhe ainda o anjo: 'Põe a tua capa e segue-me!' Ao sair, Pedro o seguiu, mesmo sem saber se o que estava acontecendo por meio do anjo era, de fato, real, pois lhe parecia fruto de uma visão. Todavia, passaram a primeira e a segunda sentinela e chegaram ao portão de ferro que dava acesso à cidade. Este se abriu por si mesmo para eles, e passaram. Tendo saído, caminharam ao longo de uma rua e, de repente, o anjo se afastou dele." [...]*

d) **voz direta -** Nesse caso ouve-se a voz que invade o ambiente e todos os presentes podem ouvi-la.
"E, completados quarenta anos, apareceu-lhe o anjo do Senhor no deserto do monte Sinai, numa chama de fogo no meio de uma sarça". (efeito luminoso) *"Então Moisés, quando viu isto, se maravilhou da visão; e, aproximando-se para observar, foi-lhe dirigida a voz do Senhor* (voz direta) *dizendo: Eu sou o Deus de teus pais, o Deus de Abraão, e o Deus de Isaque, e o Deus de Jacó".* (Êxodo 3:2).
"Enquanto ele ainda estava falando, uma nuvem resplandecente os envolveu, e dela saiu uma voz, que dizia: – Este é o meu Filho amado em quem me agrado. Ouçam-no! Ouvindo isso, os

discípulos prostraram-se com o rosto em terra e ficaram aterrorizados." Mateus 17:5-6.

e) **escrita direta -** No livro de Daniel, capítulo 05, conta-se que o rei Belsazar deu um grande banquete a mil dos seus senhores, e bebeu vinho na presença deles. Havendo Belsazar provado o vinho, mandou trazer os vasos de ouro e de prata, que Nabucodonosor, seu pai, tinha tirado do templo que estava em Jerusalém, para que bebessem neles o rei, os seus príncipes, as suas mulheres e concubinas (...). *"Beberam o vinho, e deram louvores aos Deuses de ouro, de prata, de bronze, de ferro, de madeira, e de pedra. Na mesma hora apareceram uns dedos de mão de homem, e escreviam, defronte do castiçal, na caiadura da parede do palácio real; e o rei via a parte da mão que estava escrevendo. Mudou-se então o semblante do rei, e os seus pensamentos o turbaram; as juntas dos seus lombos se relaxaram, e os seus joelhos batiam um no outro." (...)*
O profeta Daniel afirma que as mãos que escreveram na parede foram enviadas por Deus que havia se irado com o fato de o rei beber vinho junto com seus convidados nas taças de ouro roubadas do templo e também pelo fato de o rei exaltar os Deuses do ouro, da prata e do bronze e não a Ele. MENE, MENE, TEQUEL, UFARSIM.
A interpretação da frase é *"Contou Deus o teu reino, e o acabou. Pesado foste na balança, e foste achado em falta. Dividido foi o teu reino, e dado aos medos e aos persas. Naquela noite foi morto Belsazar, rei dos caldeus. E Dario, o medo, ocupou o reino"*. (Daniel 5:1-31).
"E deu a Moisés, quando ele tinha acabado de falar com ele no monte Sinai, duas tábuas do testemunho, tábuas de pedra, escritas pelo dedo de Deus". Êxodo 31:18.

f) **médiuns curadores -** Pessoas capazes de curar com um simples toque, um olhar, um gesto qualquer. Diferem dos magnetizadores comuns que tiram de si mesmo os fluidos vitais. Nesses casos espíritos auxiliam o médium aumentando seu potencial de emissão de fluidos, ao mesmo tempo em que direcionam esses fluidos ao local doente e dão a eles propriedades terapêuticas. Exemplos bíblicos:

- A cura da mulher que sofria de hemorragias há 12 anos descrita em Lucas 8:43-48. "Minha filha, tua fé te salvou".
- Cura do servo do centurião em Lucas 7:1-10.
- Cura da cegueira de Paulo por Ananias em Atos 9:15-18.
- *"Olha para nós"*, disse Pedro ao coxo de nascença, que pedia esmolas na porta do templo, segurando em sua mão; o paralítico fixou os olhos em Pedro, que diz: *"Não tenho prata, nem ouro, mas o que tenho te dou; em nome de Jesus, anda.* (Atos 3:1-10) *e ele andou"*.

II) Mediunidade de efeitos inteligentes

Basicamente a mediunidade de efeitos inteligentes se expressa da seguinte forma:

a) **médiuns escreventes (psicógrafos)** - transmitem as mensagens espirituais através da escrita. A própria Bíblia poderia servir de exemplo de uma grande obra de psicografia, pois os autores que a escreveram eram profetas, que nada mais são do que médiuns inspirados por espíritos: "*Se alguém julga ser profeta ou inspirado pelo espírito, reconhe-*

ça um mandamento do Senhor nas coisas que estou escrevendo para vós". (Paulo, na 1ª. Epístola aos Coríntios).

b) **médiuns falantes (psicofonia) -** O médium transmite as mensagens dos espíritos através da fala. *"E levantando-se um deles de nome Ágabo, dava a entender, pelo espírito, que haveria uma grande fome em todo o mundo e isso aconteceu no tempo de Cláudio César.* (Atos 11:28)

c) **médiuns videntes -** Os que têm a capacidade de ver o mundo espiritual e os espíritos. *"E Paulo teve uma noite uma visão em que se apresentou um varão da Macedônia, e que rogou dizendo: passa à Macedônia e ajuda-nos"*. (Atos 16:9)

d) **médiuns audientes -** Os que têm a capacidade de ouvir os espíritos. Às vezes é uma espécie de voz interior, outras vezes uma voz externa como se fosse a de uma pessoa viva, reconhecendo-se inclusive os espíritos por sua voz.

17. O médium fica inconsciente durante o transe mediúnico?

Acontece, mas é pouco frequente. O **médium sonâmbulo** ou **inconsciente** entra em estado de sono profundo, o espírito se afasta do corpo e faz contato com o espírito comunicante para transmitir sua mensagem. Quando retorna ao estado de vigília, **não se recorda de nada do que se passou durante o transe mediúnico** durante o qual falou ou escreveu a mensagem. Geralmente o espírito do médium permanece há alguns centímetros de distância do seu corpo. O espírito comunicante atua sobre as áreas do cérebro físico do médium que comandam o braço e a mão, no caso da psicografia, ou nas áreas cerebrais que comandam os órgãos da fala, no caso da psicofonia. Dessa forma, o comunicante expressa suas ideias com liberdade, podendo falar ou escrever conforme seu estilo, inclusive a letra e a assinatura serão muito semelhantes, e até idênticas à que possuía quando vivo.

Kardec se dedicou bastante ao fenômeno da psicografia e chama de **médium mecânico** o médium cujo braço se move totalmente impulsionado e comandado pelo comunicante. O médium só toma conhecimento do que falou ou escreveu depois de terminada a comunicação.

Embora não se lembre da comunicação feita por seu intermédio, o espírito permanece junto ao corpo e pode controlar o comunicante, reassumindo o domínio de seu corpo físico quando julgar oportuno, especialmente se o comunicante for um espírito mau ou inferior que tenha a intenção de tumultuar o ambiente. Caso o médium não tenha ascensão moral sobre o comunicante, pode ficar subjugado a ele e causar distúrbios na reunião exprimindo-se com violência e agressividade.

A vantagem dessa mediunidade é a possibilidade de provar a identidade do espírito por meios diretos e a pouca interferência do "filtro mediúnico", pois o espírito atua diretamente nos órgãos da fala e da escrita. A desvantagem corre por conta do desconhecimento, irresponsabilidade ou falta de elevação moral do médium, que pode deixar o comunicante fazer e dizer o que bem entende, criando desarmonia no trabalho mediúnico.

No extremo oposto ao acima referido podemos encontrar o **médium intuitivo,** capaz de captar os pensamentos dos espíritos como na telepatia, permanecendo o tempo todo **consciente.**

O médium intuitivo sente a influência espiritual, capta e interpreta a ideia do espírito para posteriormente falar ou escrever o que entendeu. Nesse tipo de mediunidade o médium sabe o que o espírito quer falar ou escrever, antes que o faça. A ideia é do espírito, mas a maneira de expressá-la é do médium. Por isso o próprio sensitivo tem dúvidas se o que fala ou escreve provém dos espíritos ou de sua própria mente. Uma maneira de facilitar o esclarecimento dessa dúvida é lembrar que o pensamento que não é preconcebido pode ser um pensamento sugerido por espíritos. Em alguns casos a mensagem expressa um conhecimento muito superior ao que o médium habitualmente tem e outras vezes a linguagem é até mesmo grosseira e insolente quando provém de maus espíritos. É importante que o médium procure conhecer seus pensamentos e sentimentos habituais para que consiga pouco a pouco diferenciar o que provém dos espíritos e o quem tem raízes em si mesmo.

Segundo André Luiz, no livro *Missionários da luz*, fios invisíveis aos nossos olhos ligam a mente do médium, parcialmente desdobrado, à mente do comunicante de forma que o médium conhece os pensamentos e desejos do espírito em sua origem, transmitindo com suas próprias palavras o pensamento do comunicante.

Uma variedade desse tipo de mediunidade é o que Kardec denomina de **médiuns inspirados** que recebem, quase sempre sem o perceber, por pura influenciação telepática, sugestões mentais dos espíritos, para o bem ou para o mal. O médium intuitivo sente a presença espiritual, enquanto na inspiração a influência é tão sutil que é praticamente imperceptível. Muitos oradores, médicos, professores, escritores, músicos e artistas recebem inspiração em seu trabalho sem que o saibam. Os médiuns que são inspirados somente para prever acontecimentos futuros foram classificados por Kardec como **médiuns de pressentimentos**.

Entre essas duas variedades de médiuns, o consciente/intuitivo e o inconsciente/mecânico, encontra-se o **médium** semiconsciente ou **semimecânico.** Segundo Kardec esse seria o tipo mais comum. Neles o médium permanece consciente, mas toma conhecimento da mensagem no momento em que ela está sendo gerada.

Sinteticamente, no médium intuitivo a ideia é do espírito, mas o estilo de falar e escrever são do médium, como se ele revestisse a mensagem com suas próprias palavras. No caso do médium semiconsciente a ideia é do espírito e a maneira de expressar é um misto do estilo do próprio médium com o estilo do espírito. No caso do médium inconsciente, ideia e estilo de expressão são típicos do espírito comunicante[84].

18. UM MÉDIUM PODE DISTORCER A MENSAGEM DE UM ESPÍRITO POR NÃO COMPREENDÊ-LA?

Sim. O médium é o intérprete dos espíritos. Em *O Livro dos Médiuns*, capítulo XIX, há referência ao papel dos médiuns na comunicação espírita: O espírito do médium exerce influência sobre as comunicações e *"pode alterar as respostas* [dos espíritos] *e assimilá-las às suas próprias ideias e a seus pendores; não influencia, porém, os próprios espíritos,*

84. No livro *Psicografia à luz da grafoscopia* o Dr. Jorge Perandrea relata a comprovação de inúmeros casos de psicografias feitas pelo médium mineiro Chico Xavier em que a letra e a assinatura do falecido eram idênticas as que ele tinha quando vivo.

autores das respostas; constitui-se apenas em mau intérprete" (...) "Os espíritos procuram o intérprete que mais simpatize com eles e que lhes exprima com mais exatidão os pensamentos. Não havendo entre eles simpatia, o espírito do médium é um antagonista que oferece certa resistência e se torna um intérprete de má qualidade e muitas vezes infiel. É o que se dá entre vós, quando a opinião de um sábio é transmitida por intermédio de um estonteado, ou de uma pessoa de má-fé".

Logo, o espírito do médium nunca é completamente passivo, pois ele funciona como se fosse um filtro. Imagine o pó de café dentro do filtro de papel como representante dos conhecimentos que um médium possui. Agora imagine a água sendo o pensamento do espírito que passará por esse filtro com mais ou com menos pó de café. Nesse caso teremos um café fraco ou forte, dependendo da qualidade e da quantidade de pó em cada filtro, pois a quantidade e qualidade da água serão as mesmas em cada um deles.

A maior parte das distorções e erros nas mensagens ocorre por falta de conhecimentos do médium que limita a interpretação adequada do pensamento do espírito. Mas podem ocorrer também distorções por má-fé do médium ou do espírito comunicante, a chamada mistificação.

19. Então, tanto espíritos como médiuns podem mentir e enganar?

Sem dúvida, e a mistificação não surgiu com o espiritismo, pois na primeira epístola de João, capítulo 4, versículo 01, o apóstolo adverte quanto ao cuidado com as comunicações dos espíritos: "*Meus bem-amados, não acrediteis em todos os espíritos, mas provai se os espíritos são de Deus, pois muitos falsos profetas se têm levantado no mundo".*

Kardec adverte que um espírito pode se fazer passar por outro de nossa inteira confiança ou usar um nome respeitável para nos enganar e ensinar falsas doutrinas. A isso o espiritismo chama de **mistificação.** A melhor maneira de evitar que isso ocorra é não pedir ao espiritismo mais do que ele pode e deve nos dar, pois seu objetivo é o aperfeiçoamento da humanidade.

Os capítulos XXVII e XXVIII de *O Livro dos Médiuns* tratam do tema com muita clareza. Vejamos:

"Os espíritos vêm para vos instruir e guiar na rota do bem e não na das honrarias e fortuna ou para atender a vossas pequeninas paixões. Se jamais lhes pedissem futilidades ou o que seja além de suas atribuições, ninguém daria acesso aos espíritos mistificadores".

"Os espíritos não estão incumbidos de vos instruir nas coisas deste mundo, mas de vos guiar com segurança naquilo que vos possa ser útil para o outro. Quando falam das coisas daqui é por considerarem isso necessário. Se fizerdes dos espíritos adivinhos ou feiticeiros, então sereis mistificados".

Médiuns de má-fé, os falsos profetas a quem o apóstolo se referiu, podem distorcer as mensagens espirituais, não por ignorância, como explicado na questão anterior, mas propositadamente, e isso é também mistificação.

Nas reuniões de pessoas sérias a mistificação ocorre com menor frequência do que nas reuniões frívolas. O próprio codificador se precavia de tais ocorrências analisando criteriosamente todas as comunicações recebidas e nos aconselhando que é melhor rejeitar nove verdades do que admitir uma mentira.

"Por que Deus permite que pessoas sinceras, que aceitam de boa-fé o espiritismo, sejam mistificadas? Isso não poderia acarretar o inconveniente de lhes abalar a crença?"

"Se isso lhes abalasse a crença, seria por não terem fé bastante sólida. Se as pessoas abandonassem o espiritismo por um simples desapontamento provariam não o haver compreendido, não se terem apegado ao seu aspecto sério. Deus permite as mistificações para provar a perseverança dos verdadeiros adeptos e punir os que fazem do espiritismo um simples meio de divertimento".

Na Bíblia encontramos instruções dadas pelo profeta Jeremias para que se tenha cautela com a mistificação por parte dos médiuns (profetas): *"Eis o que diz o Senhor dos exércitos: Não escuteis as palavras dos profetas que vos profetizam e vos enganam. Divulgam as visões do seu coração e não o que aprenderam da boca do Senhor... Até quando esta imaginação estará no coração dos profetas que profetizam a mentira, e cujas profecias são apenas seduções de seus corações?".*

20. Pode ser tudo "coisa" da cabeça do médium e não de espíritos?

Sim, isso pode ocorrer. A doutrina espírita chama de **animismo** todo fenômeno produzido pela alma encarnada, ou seja, a alma do médium.

São anímicos os fenômenos em que o médium acredita estar "incorporado" por um espírito, mas na verdade está expressando seus próprios pensamentos.

Algumas pessoas têm crises em que parecem estar sob o jugo de um mau espírito: gritam, se debatem, agridem as pessoas, quebram tudo o que veem pela frente, desmaiam, mas não há espíritos com ela. Na verdade estão expressando, de forma inconsciente, seus traumas emocionais, desejos inconfessáveis e frustrações que ficaram recalcados em seu inconsciente, que funciona como um imenso arquivo de tudo o que viveram, tanto nessa como noutras existências. Normalmente não se tem acesso a essas informações porque são censuradas pela mente, por conterem memórias traumáticas com as quais ainda não conseguimos lidar[85]. Durante o transe pode acontecer um fenômeno de dissociação: Uma área do cérebro passa a funcionar fora da consciência normal e expressa tudo o que ficou recalcado, num fenômeno de exoneração de conteúdos dolorosos. Na mediunidade também ocorre dissociação, mas não é patológica. Os casos de dissociação patológicos ocorrem na epilepsia, em ansiedade e depressão graves, nos tumores cerebrais, com o uso de drogas e nos traumatismos cranianos. Sofrimentos intensos na infância (terror causado por maus-tratos e abuso sexual), assim como intensos sentimentos de culpa geram as dissociações como mecanismo de fuga da realidade. Importante entender que os traumas sofridos e os sentimentos de culpa podem ter sido gerados nessa vida ou em vidas passadas.

No animismo o médium entra em transe e passa a extravasar o conteúdo mental doentio que está em sua mente; pelo fato desse conteúdo mental ser desconhecido de sua consciência, assim como pelos colegas do grupo mediúnico, tanto o médium como o grupo pensam tratar-se de um espírito que busca auxílio. Nesses casos o doutrinador[86]

85. Veja mais detalhes sobre os bastidores de nossa mente no livro *Seja feliz, diga não à depressão*, de minha autoria, publicado pela EME. NA.

86. Doutrinador – indivíduo que na reunião mediúnica é responsável por conversar com os espíritos necessitados que se comunicam e ele tem a responsabilidade de acolher, consolar, orientar, despertar e evangelizar o comunicante.

acolhe, consola e orienta utilizando o evangelho como base, ocasionando muitas vezes a elaboração[87] do trauma.

Um exemplo típico que procura a casa espírita é o do indivíduo que sempre foi calmo e que "não tem boca pra nada", de repente passa a ter crises de violenta cólera, quando fala impropérios para todos os familiares e quebra tudo o que vê pela frente. Fora de casa, raramente tem essas crises, a não ser quando é contrariado ou frustrado. Passada a crise, não se lembra de nada do que fez e se sente envergonhado, não sabendo o que fazer para controlar o "mau espírito" que o toma e subjuga.

Sem dúvida alguma há casos de possessão espiritual, catalogados ao longo da história. Mas no caso acima muito provavelmente se trata de um **transtorno dissociativo.** Durante as crises o indivíduo bonzinho que "não tem boca pra nada" pode finalmente extravasar a tensão psíquica que resulta de todas as invasões sofridas e suportadas por dizer muito sim, quando gostaria de dizer não, e acaba adoecendo.

Finalmente, podemos dizer também que em toda comunicação mediúnica ocorre um pouco de animismo, pois o médium capta o pensamento do espírito, interpreta-o e retransmite a mensagem conforme a entendeu, podendo mesclar suas próprias ideias às do comunicante. A mediunidade é sempre uma parceria entre o comunicante e o médium.

À medida que trabalha e se instrui o médium vai aprendendo a diferenciar os pensamentos que lhe são próprios

87. Elaboração do trauma é um termo psicológico que significa revisar a ocorrência que gerou o sofrimento, o conflito psíquico usando as lentes da compreensão, tolerância, indulgência, amor e do perdão para reeditar o filme da memória libertando-se do sofrimento imposto pela mágoa.

dos que lhe são sugeridos por espíritos. Porém, mais importante do que se ter a certeza absoluta se a mensagem é anímica (do médium) ou mediúnica (do espírito) é analisar seriamente o conteúdo da mensagem para ver se elas são para o bem individual ou coletivo.

Além disso, é bom lembrar que o médium é também um espírito milenar e que durante o transe pode mergulhar no inconsciente de vidas passadas e desencravar de lá conhecimentos adquiridos em outras existências que estão adormecidos na atual. É como se nesse momento ele fosse médium de si mesmo e trouxesse preciosos conhecimentos de outras vidas que possam prestar grande auxílio para o grupo onde a mensagem está sendo falada ou escrita.

Finalmente, é preciso que fique bem claro que esses fenômenos anímicos de natureza dissociativa devem ser encarados como pedido de ajuda e não apenas como simulação e manipulação por parte do enfermo. Ao entrar em contato com esses casos deve-se encaminhar a pessoa para tratamento psicológico. A casa espírita pode ajudar com o tratamento de passes, estudos do evangelho e principalmente com o acolhimento fraterno desses companheiros.

21. Às vezes penso numa pessoa e ela me liga em seguida. Isso é mediunidade?

Nesse caso pode-se dizer que você tem percepção extrassensorial, mais precisamente a telepatia.

Por questão didática, Kardec separa os fenômenos espirituais em anímicos e mediúnicos.

No fenômeno anímico o sensitivo vê, ouve e sente coisas referentes ao mundo material, enquanto no fenômeno mediúnico a alma capta impressões e mensagens do mundo espiritual e de seus habitantes, os espíritos.

A parapsicologia dedica-se ao estudo dos fenômenos anímicos e o espiritismo, aos dois, mas se interessa mais pelos fenômenos mediúnicos.

São considerados anímicos:

- Telepatia - capacidade de transmitir e captar pensamento entre pessoas vivas.
- Clarividência - capacidade de perceber, ou de "ver" com a alma, o que ocorre em locais distantes de onde se encontra o corpo do sensitivo, no tempo presente.
- Clariaudiência - capacidade de "ouvir" com a alma o que ocorre longe do local onde se encontra o sensitivo, no tempo presente.
- Telecinesia ou psicocinese - capacidade de mover objetos através do pensamento.
- Premonição - dom de prever acontecimentos futuros;
- Retromonição - capacidade de "ver" os acontecimentos passados.

Em todos esses casos não há intervenção de espíritos. É a alma do sensitivo que se desprende do corpo e amplia sua percepção extrassensorial.

22. Os espíritos imundos de que fala a Bíblia correspondem aos espíritos obsessores?

Sim, sem dúvida alguma a Bíblia está repleta de casos de obsessão, como nos exemplos abaixo referidos:

[...] "*Em nome de Jesus Cristo, te mando que saias dela. E na mesma hora saiu* ***o espírito de adivinhação"***. (Atos 16:18)

"Curai enfermos, ressuscitai mortos, purificai leprosos, ***expeli demônios****, de graça recebestes, de graça dai"*. (Mateus 10:8).

A cura de um jovem lunático descrita no capítulo 09 do Evangelho de Marcos:

"E trouxeram o moço; quando ele viu Jesus logo o espírito o agitou com violência e, caindo o ***endemoniado*** *por terra, revolvia-se, espumando. E muitas vezes o tem lançado no fogo e na água para destruí-lo, mas, se tu podes fazer alguma coisa, tem compaixão de nós e ajuda-nos. Jesus disse: se tu creres, tudo é possível ao que crê. E o pai do menino, clamando, com lágrimas, disse: Eu creio, Senhor! Jesus repreendeu o* ***espírito imundo****, dizendo-lhe: espírito mudo e surdo, eu te ordeno, sai dele e não entres mais nele. E ele, agitando-o com violência, saiu; e ele ficou como morto. Mas Jesus pegou-o pela mão, o ergueu e ele se levantou"*.

A doutrina espírita denomina obsessão à perseguição de um **mau espírito** sobre outro espírito, não importando se estão encarnados ou desencarnados.

Todos os nomes que eu grafei em negrito são sinônimos de maus espíritos, pois que em todos os casos acima nota-se a tentativa de constranger, enganar, ferir, perseguir, adoecer. Logo, conclui-se que a Bíblia relata inúmeros casos de obsessão, usando terminologia mais adequada aos conceitos da época em que foram escritos.

O espiritismo diz que a obsessão ocorre por:

- Vingança - O algoz de hoje, quase sempre, foi a vítima de ontem, desta ou de outras vidas, que não conseguiu perdoar e deseja a desforra porque se sente injustiçado.
- Afinidade moral - O obsessor era, em vida, um viciado

em drogas, álcool e sexo, por exemplo, e busca, através da parceria com o encarnado, continuar gozando na taça dos prazeres carnais, utilizando-o como escravo de suas paixões, num processo de verdadeira vampirização de suas energias.

- Prazer de praticar o mal, especialmente contra quem faz o bem.
- Inveja da felicidade que gozam as pessoas de bem.

23. Como saber se uma pessoa está obsidiada?

Kardec divide a obsessão em três categorias básicas:

a) Obsessão simples: quando o pensamento é afetado

O obsessor procura se imiscuir nos pensamentos da vítima que percebe estar sob alguma influência negativa, embora tenha dificuldades em se livrar dos maus pensamentos que insistem em penetrar em sua mente. No caso de se tratar de um médium atuante nas lides espíritas percebe-se que em suas comunicações sempre o mesmo espírito se comunica, de modo persistente, não dando oportunidade para que outras entidades se comuniquem.

Ideias persistentes de suicídio; tristeza, raiva ou ciúme exagerado; culpa fora de proporção à causa que a gerou; ideias fixas; olhar esgazeado, fugidio; inquietude, irritabilidade, choro incontrolável, sonolência excessiva e cansaço crônico - sem causa aparente; medo inexplicável, desmaios para os quais os médicos não encontram explicação. Todos esses sinais e sintomas sugerem uma possível influência espiritual.

b) Fascinação: a razão é dominada

Nesse caso o espírito perseguidor causa uma espécie de ilusão produzida pela ação direta do espírito sobre o pensamento do obsidiado de maneira a paralisar seu raciocínio. O fascinado não se convence de que está sendo enganado. O espírito procura alimentar a fraqueza moral da vítima para melhor dominá-la estimulando seu ciúme, seu desejo de poder, seu orgulho, sua vaidade.

O obsessor promove o afastamento do obsidiado das pessoas que possam esclarecê-lo sobre seu erro. A fascinação deve ser suspeitada quando a pessoa passa a ter atitudes fanáticas e excêntricas, a proferir doutrinas estranhas e teorias falsas. O fascinado toma verdadeira aversão pelas pessoas que tecem críticas às suas condutas.

A maior causa da fascinação é o orgulho e a vaidade que dificultam a cura porque o médium e o espírito têm grande afinidade de gostos e este sabe explorar os vícios de caráter daquele. Por isso todos percebem o ridículo de suas comunicações, mas o médium não percebe e fica melindrado quando alguém levanta suspeita sobre a veracidade dos ensinamentos que o espírito transmitiu.

c) Subjugação: a vontade é dominada

Através da sintonia mental entre ambos, com total dominação do obsessor sobre sua vítima, esta realiza todas as vontades dele, mesmo percebendo que as ordens recebidas são, no mínimo, ridículas.

Há uma ligação tão grande entre os perispíritos de ambos que o obsessor é capaz de comandar até mesmo os órgãos físicos do obsidiado, através do perispírito deste. A imantação fluídica é grande a tal ponto que há como que uma "soldadura perispiritual" de ambos e o afastamento súbito do obsessor pode gerar desequilíbrios energéticos no corpo espiritual do obsidiado, pois ambos comungam da mesma atmosfera fluídica.

Os sintomas da subjugação são os mesmos da loucura e da epilepsia. Ele pode apresentar também doenças físicas decorrentes da intoxicação crônica pelos fluidos desequilibrados da entidade obsessora.

24. Se a obsessão pode simular sintomas da loucura e da epilepsia, então antes de tomar os remédios do psiquiatra ou neurologista é melhor passar por uma consulta espiritual?

Não, porque não é função da casa espírita realizar diagnóstico de doenças nem indicar ou contraindicar tratamento médico. Isso é exercício ilegal da medicina e quem o faz está sujeito à punição pelo Código Penal Brasileiro.

O codificador da doutrina deixou bem claro que a função do espiritismo é auxiliar no aperfeiçoamento moral do homem. Portanto, todo paciente que busque a casa espírita com qualquer doença física ou mental deve ser incentivado a procurar um médico que esteja habilitado a fazer o diagnóstico e a indicar o tratamento adequado ao doente, que pode receber também a ajuda do tratamento espiritual. Um não interfere nem prejudica o outro, mas se completam mutuamente. Logo, o paciente não deve ser coagido a escolher um tratamento ou outro, mas receber os dois, se assim o desejar.

A obsessão grave que apresenta os sinais de loucura e epilepsia resulta da ação de espíritos trevosos cuja influência precisa ser combatida com recursos espirituais, que veremos a seguir, mas é sabido que a obsessão prolongada afeta a saúde física e mental e precisa da ajuda médica e psicológica. Vejamos o que diz o codificador em *O Evangelho segundo o Espiritismo*, capítulo XXVIII: "***Ao lado da medicação comum, elaborada pela Ciência***[88]*, o magnetismo nos fez conhecer o poder da ação fluídica; mais tarde, o espiritismo veio nos revelar outra força poderosa na mediunidade curadora e a influência da prece*" (item 77).

"*A obsessão, quando muito prolongada, pode ocasionar desequilíbrios na saúde, e, por vezes, requer um tratamento simultâneo ou consecutivo, seja magnético ou médico, para restabelecer a saúde do organismo. A causa sendo destruída resta combater os efeitos*". Item 84.[89]

25. Como se combate a obsessão?

Seja qual for a causa, os meios de combatê-la são:

- A prece, que renova as energias psíquicas, fortalece a confiança, canaliza o auxílio dos bons espíritos e liga a criatura ao Criador.
- A vigilância mental, pois os pensamentos harmônicos, voltados ao bem, recheados de otimismo e amor nos mantêm em esferas vibratórias elevadas e inacessíveis aos espíritos inferiores.

---

88. Grifos meus. NA.

89. Consulte *O Livro dos Médiuns*, Cap. 23, Obsessão. E a *Revista espírita*, edições de fevereiro e março de 1864, abril de 1865: Exemplos de curas de obsessões.

- A transformação moral, porque os espíritos agem sobre nós através dos fios invisíveis do pensamento. Se nutrirmos pensamentos e sentimentos inferiores tais como mágoa, ressentimento, desejo de vingança, ciúme doentio, inveja, ira, etc., estaremos vibrando em faixas inferiores, sintonizando com os espíritos que nos perseguem, facilitando a obsessão. Os maus pensamentos atraem os maus espíritos, assim como a podridão atrai as aves de rapina. O estudo do Evangelho e de livros que incentivem nossa mudança de pensamentos, sentimentos e atitudes será fundamental para vencermos a obsessão.
- A prática da caridade, pois, entende-se que as *causas* da obsessão estão nas imperfeições morais do homem e não nos espíritos à sua volta. A ação no bem ajuda a manter longe os maus pensamentos e sentimentos, oferece a oportunidade de ir ao encontro de corações que sofrem tanto quanto sofremos e isso nos consola, combatendo a revolta e a inconformação. A oportunidade de servir ao bem nos envolve com bons espíritos o que por si só afasta os maus.
- Paciência e amor, pois não se apaga fogo com fogo, assim como não se afasta o mal com o mal. Precisamos aprender a orar pelo obsessor compreendendo que ele é um espírito ignorante das leis morais da vida e que na maior parte das vezes fomos nós, em outras vidas, que provocamos sua queda moral, portanto somos responsáveis por seu reerguimento espiritual. Se um dia o ferimos e hoje nos persegue, nada mais justo que lhe devolvamos a paz que um dia roubamos. O amor é a lei; quem não ama está fora da lei.
- Desobsessão: Às vezes se faz necessária a intervenção de

um terceiro indivíduo, mais moralizado que o obsidiado, para demover o obsessor da perseguição. É o que se faz nas reuniões de desobsessão nos centros espíritas, quando o doutrinador dialoga com o espírito perseguidor encarando-o como a ovelha desgarrada que Jesus pede para reconduzir, através do amor, de volta à casa do Pai.

26. QUE PERGUNTAS SE PODEM FAZER AOS ESPÍRITOS NAS CONSULTAS ESPIRITUAIS?

Os espíritos sérios respondem com prazer às perguntas que objetivam o bem e os meios de nos fazer progredir. Todas as perguntas inúteis feitas por curiosidade ou feitas para experimentá-los os desagradam.

Algumas perguntas não podem ser respondidas porque o espírito não quer, porque se sente impedido de responder por ação de um espírito superior ou simplesmente porque não sabe a resposta, como no caso de perguntas sobre o futuro. "*Se o homem soubesse o futuro negligenciaria o presente e comprometeria a realização desse futuro*". Deve-se desconfiar sempre das previsões com data e hora marcadas, das revelações sobre vidas futuras e vidas passadas, especialmente quando espíritos brincalhões revelam antepassados famosos, tais como reis e rainhas, ou quando fazem previsões de morte de entes queridos. Revelações do passado somente são autorizadas pelos bons espíritos se feitas para nossa edificação e instrução e nesses casos são feitas espontaneamente, mas nunca para satisfazer a vã curiosidade.

Os espíritos familiares podem nos aconselhar como o fariam se estivessem encarnados ao nosso lado, para nos auxiliar nas questões morais da nossa vida. Nas situações ordinárias da vida, nos aconselham através da inspiração e nos deixam com liberdade de escolher. Não devemos ser presunçosos a ponto de ter um espírito serviçal, sempre pronto a nos aconselhar na nossa "rotina caseira".

Comumente se quer saber a situação de um espírito falecido ou sobre o paradeiro de alguém que está desaparecido e não se sabe se está vivo ou morto. No primeiro caso os espíritos respondem de bom grado com a finalidade de consolar a família. No segundo caso podem responder, desde que essa dúvida não faça parte das provas dessa família.

Nas perguntas sobre a saúde precisamos nos lembrar de que os médicos espirituais nada mais são do que os médicos que estavam no mundo material antes de morrer, portanto, não são infalíveis, nem lá, nem cá, pois a morte não os faz mais conhecedores do que eram aqui no mundo material. Alguns mantêm, muitas vezes, opiniões sistemáticas, que nem sempre são justas e das quais a morte não os livra de repente. Por fim, o médium que serve de instrumento ao médico espiritual pode ter limitações de conhecimentos que dificultem a compreensão da mensagem do espírito quanto à saúde do doente.

Bibliografia

Cajazeiras, Francisco. *Evolução da ideia sobre Deus*. 2ª ed. Capivari, EME.

Autores diversos. *Curso de educação mediúnica 1º ano*. São Paulo, FEESP.

Autores diversos. *Curso de educação mediúnica* 2º ano. São Paulo, FEESP.

Cunha, Antônio Geraldo da. *Dicionário etimológico nova fronteira da língua portuguesa*. 2ª ed. Rio de Janeiro, Nova Fronteira.

Denis, Léon. *Depois da morte*. 17ª ed. Brasília, FEB.

________. *Cristianismo e espiritismo*. 9ª ed. Brasília, FEB.

Dias, Haroldo Dutra. *O novo testamento*. 1ª ed. Brasília, FEB.

Gaarder, Jostein; Hellern, Victor & Notaker, Henry. *O livro das religiões*. 7ª reimpressão. São Paulo, CIA. das Letras.

Kardec, Allan - *A Gênese*. 8ª ed. Araras, IDE.

________. *O Céu e o Inferno*. 7ª ed. Araras, IDE.

________. *O Evangelho segundo o Espiritismo*. 17ª ed. Capivari, EME.

________. *O Livro dos Espíritos*. 17ª ed. Capivari, EME.

________. *O Livro dos Médiuns*. 36ª ed. Araras, IDE.

________. *O que é o Espiritismo*. 1ª ed. Rio de Janeiro, Léon Denis - Gráfica e Editora.

MELLO, Jacob. *O passe*. 4ª ed. Brasília, FEB.

NETO, Francisco do Espírito Santo. Hammed (espírito). *Prazeres da alma*. 1ª ed. Catanduva, Editora Boa Nova.

OLIVEIRA, Therezinha. *Estudos espíritas do evangelho*. 3ª ed. Capivari, EME.

OLIVEIRA, Wanderley Soares de. Ermance Dufaux (espírito). *Reforma Íntima sem martírio*. 2ª ed. Belo Horizonte, Dufaux.

PERANDRÉA, Carlos Augusto. *A psicografia à luz da grafoscopia*. 1ª ed. São Paulo, Editora FE.

PERES, Ney Prieto. *Manual prático do espírita*. 10ª ed. São Paulo, Pensamento.

PIRES, J. Herculano. *O espírito e o tempo*. 3ª ed. São Paulo, Paideia.

REVISTA UMBANDA. Ano 01, nº. 03, Editora Escala.

SARACENI, Rubens. *Umbanda sagrada, religião, ciência, magia e mistérios*. 3ª ed. São Paulo. Madras.

SHRODER, Tom. *Almas antigas*. 1ª ed. Rio de Janeiro, Editora Sextante.

VIEIRA, Waldo. André Luiz (espírito). *Conduta espírita*. 21ª ed. Brasília, FEB.

VIEIRA, Waldo & XAVIER, Francisco Cândido. André Luiz (espírito). *Evolução em dois mundos*. 2ª ed. Brasília, FEB.

________. *Mecanismos da mediunidade*. 11ª ed. Brasília, FEB.

XAVIER, Francisco Cândido. André Luiz (espírito). *E a vida continua*. 10ª ed. Rio de Janeiro, FEB.

________. *Missionários da luz*. 6ª ed. Rio de Janeiro, FEB.

________. *Nosso Lar*. 7ª ed. Rio de Janeiro, FEB.

XAVIER, Francisco Cândido. Emmanuel (espírito). *A caminho da luz*. 6ª ed. Rio de Janeiro, FEB.

________. *O consolador*. 5ª ed. Rio de Janeiro, FEB.

________. *Rumo certo*. 6ª ed. Rio de Janeiro, FEB.

ZIMMERMANN, Zalmino. *Perispírito*. 2ª ed. Campinas, Editora Allan Kardec.

Referências eletrônicas:

CARVALHO, Leandro. www.brasilescola.com/historiag/influencia-igreja-historia.htm. Acessado em jul. 2015.
www. amebrasil.org.br. Acessado em jul. 2015.
www.apologiaespirita.org. Acessado em jul. 2015.
www.aeradoespirito.net. Acessado em jul. 2015.